1995

von Studnitz · Menschen aus meiner Welt

Hans Georg von Studnitz

MENSCHEN AUS MEINER WELT

Ullstein

Inhalt

7 Vorwort

9 Ein königlicher Kaufmann
Max von Schinckel, 1849–1938

24 Berlins letzter Salon
Helene von Nostitz, 1878–1944

28 Gescheiterter Patriot
Franz von Papen, 1879–1969

40 Gastgeber im Untergang
Freddy Horstmann, 1879–1947
Lally Horstmann, 1898–1955

55 Grande Dame zwischen den Zeiten
Lily von Schnitzler, 1889–1981

70 Sinfoniker der Sprache
Friedrich Sieburg, 1893–1964

82 Der Enkel des Reichsgründers
Otto Fürst von Bismarck, 1897–1975

91 Preusse im Cockpit
Hans M. Bongers, 1898–1981

102 Der Bauer als Bankherr
August von Finck, 1898–1980

113 Franzose und Österreicher
Karl Anton Prinz Rohan, 1898–1975

122 Von Lenin zu Habsburg
William S. Schlamm, 1904–1978

130 Drei Dimensionen der Bühne
Axel von Ambesser, Jahrg. 1910

141 Engagement für die Einheit
Axel Springer, Jahrg. 1912

153 Dynast und Ikaros
Konstantin Prinz von Bayern, 1920–1969

Vorwort

Die Welt, in die ich geboren wurde, zerbrach 1918. Die Welt, in der ich mich einrichten wollte, verschwand 1933. Es folgten Jahre, die mich emportrugen als ständigen reisenden und diplomatischen Korrespondenten eines der großen Berliner Zeitungsverlage. Ich verbrachte sie in Wien und in Rom, in Spanien und in Indien, in London, im Nahen Osten und in den Niederlanden. Mit dem Ausbruch des Zweiten Weltkrieges wurde ich ins Auswärtige Amt verpflichtet. 1945 stürzte zum dritten Mal eine Welt zusammen, mit der ich auszukommen versucht hatte. Vier Jahrzehnte schlossen sich an, die durch Kampf um eine neue Existenz ausgefüllt waren.

Die folgenden Kapitel sind Skizzen, bisweilen auch Nachrufe auf Menschen, die in den Welten, die ich durchmaß, ein Stück Weges mit mir gegangen sind. Menschen, die mich begleitet, mich angeregt, mich verstanden, mir geholfen haben, Menschen, die ich vermisse. Unter den vielen Persönlichkeiten, deren Weg ich kreuzte, habe ich solche ausgewählt, die über die Beziehung zu mir hinaus einen Rang besaßen, Menschen, die für die Chronik meiner Zeit ihre Bedeutung haben.

Ich kannte viele andere, deren Andenken zu bewahren ebenso berechtigt wäre. Unter den Politikern möchte ich zwei nennen, denen begegnet zu sein ich als Auszeichnung empfinde, Antonio de Oliveira Salazar und Jan Smith. Mir ist kein klügerer Staatsmann vorgekommen als der große Portugiese, der eine schon aufgegebene Nation zu retten sich bemühte. Und ich habe nirgendwo einen so tapferen Mann getroffen wie den Rhodesier, der sich weigerte, an der Liquidation des britischen Weltreiches mitzuwirken. Beiden habe ich mich verbunden gefühlt, dem Lateiner in der Universalität seines Denkens, dem Angelsachsen durch die Selbstlosigkeit seines Einsatzes. Unter den Weggenossen, die ich dem Leser vorstelle, waren viele Non-Konformisten. Leute, die gegen den Strom schwimmen, haben mich immer stark angezogen. Sie helfen, das Profil eines Volkes zu formen. Allein sie können den Deutschen zurückgeben, was sie eingebüßt haben: ihr Gesicht.

Otterkring/Chiemsee
Im Frühjahr 1985 *Hans Georg von Studnitz*

MAX VON SCHINCKEL
1849–1938

Der Vater meiner Mutter, Max von Schinckel, war die erste bedeutende Persönlichkeit, die sich mir eingeprägt hat. Er setzte die Maßstäbe, die ich im Laufe meines Lebens an Vernunft und Charakter, an geistige und moralische Eigenschaften der Menschen legen sollte. Er war ein stolzer und demütiger Mann, unbeugsam und bescheiden, von einer Überlegenheit getragen, die ich bewundert habe, von einer Glaubensstärke erfüllt, die ich respektieren lernte. Von seiner Erscheinung ging der Glanz der großelterlichen Häuser aus, des Palais in der Hamburger Hansastraße, des von einem großen Park umgebenen Landhauses an der Elbe, der Güter in Mecklenburg. Das Heer von Dienstboten, die Gewächshäuser und Tennisplätze, die Kutschen, Schlitten und Automobile, die Reit- und Wagenpferde, die zu diesen Wohnsitzen gehörten, verfehlten ihren Eindruck nicht auf uns Kinder, die wir, aus einem einfachen Potsdamer Offiziershaushalt kommend, dort unsere Ferien verbrachten. Im Großvater Schinckel verehrten wir einen der großen Männer des kaiserlichen Deutschland, eine Autorität, zu deren Herzen es nur einen Weg gab, der über meine Großmutter führte.

An ihr, Olga Berckemeyer, die er ein Vierteljahrhundert vor meiner Geburt, am 2. Oktober 1882, geheiratet hatte, hing der Großvater bis zu ihrem Tode auf rührende Weise. »Meine Frau ist stets mein größter Schatz und mein ganzer Halt gewesen«, schreibt er in seinen Lebenserinnerungen. Über sich, aber nicht über sie stellte er nur den lieben Gott und den Kaiser.

Mein Großvater war kein Selfmademan im amerikanischen Sinn. Er kam aus einem nicht unbegüterten Hamburger Haus, das der »upper middle class« der Hansestadt angehörte. Sein Vater, Paul Schinckel, war in Rußland als Kaufmann tätig gewesen und hatte dort Emilie Blessig, ein in St. Petersburg russisch erzogenes, sprachgewandtes junges Mädchen aus großen Verhältnissen, zur Frau genommen und war als vermögender Mann in seine Heimat zurückgekehrt. Von dieser Mutter, die an der Neva einem Haushalt von »asiatischem Gepränge« mit Hilfe eines Fräulein Europäus vorgestanden hatte, waren dem Großvater viele der Fähigkeiten überkommen, die ihm schon als jungem Bankier die Augen für Möglichkeiten öffneten, die weit über die Potenz Hamburgs hinausgingen. Wieder in Deutschland, hatte Paul Schinckel tunlichst darauf geachtet, daß seinen Kindern der elterliche Wohlstand nicht bewußt wurde. Sie sollten nicht glauben, daß für ihre Zukunft gesorgt sei, sondern lernen, sich auf eigene Füße zu stellen.

Max Schinckel, seine Brüder und Schwestern wurden mit eiserner Strenge erzogen. Der Vater stellte hohe Ansprüche an ihre Leistungen. Die Mutter war die Güte in Person und wurde von den Kindern vergöttert. Sie war ausgeglichen und wohltätig, ließ sich von Bettlern ausbeuten und wußte für jedermann Rat.

Von ihr erbte mein Großvater sein phänomenales Gedächtnis, seinen tiefen Glauben an Gottes irdische Ordnung und seine Neigung, sich in christlichem Sinne karitativ zu betätigen. Er stiftete Kirchen, wurde mit dem Ehrendoktor der Theologie ausgezeichnet und lieh protestantischen Ohrenbläsern mehr Gehör, als meiner Großmutter lieb war. Das morgendliche Frühstück im Haus meiner Großeltern schloß mit einer Andacht, wobei mein Großvater Losungen las und in bedächtigem Tonfall das Vaterunser aufsagte. Während der Großmutter die Dauer seiner Versenkung ins Gebet auf die Nerven ging, blickten wir Enkel voller Ehrfurcht auf die gefalteten Hände von Max Schinckel. Gewaltige, mit Sommersprossen bedeckte Fäuste, wie sie friesischen Küstenbewohnern zu eigen sind, die dem Herrn für Strandgut danken.

Über des Großvaters Verhältnis zu Gott habe ich oft nachgedacht. Bei aller echten Frömmigkeit stand er zu Gott wie in einer Hamburger Firma der Junior zu seinem Seniorpartner. Wenn er etwas nicht zu ändern vermochte, nahm er dies als den unerforschlichen Ratschluß eines Geschäftsfreundes, der ihm die Seniorität voraus hatte. Meine Großmutter wußte nichts von diesem Sich-beugen-Können. Sie rechtete mit Gott wie mit einem nahen Verwandten. Nach dem sonntäglichen Gottesdienst, den sie hauptsächlich ihrem Gatten zuliebe besuchte, ließ sie den Prediger an ihren Wagenschlag kommen, um ihm zu bedeuten, daß er ein Bibelwort falsch interpretiert habe. »Das hat Gott ganz anders gemeint«, lautete ihr Bescheid, dem der Geistliche, der freigebigen Spenden Max Schinckels für die Gemeindekasse eingedenk, nicht zu widersprechen wagte. Der Großvater, dem solche Szenen peinlich waren, hatte sich zu Fuß aus dem Staube gemacht. Insgeheim aber bewunderte er die Großmutter, die, einer der ältesten Familien Hamburgs angehörend, mit dem lieben Gott wie mit ihresgleichen verkehrte.

Im Urteil über andere Menschen ließ Max Schinckel

seiner Frau nicht immer den Vortritt. Die unterschiedliche Neigung, die die Großmutter ihren Kindern, Schwiegerkindern und Enkeln zuwandte, widersprach seinem Gerechtigkeitssinn. Bis in sein hohes Alter schätzte Max Schinckel Geselligkeit, der meine Großmutter, von mancherlei Leiden geplagt, schon in jüngeren Jahren entsagte. Vor allem mochte sie es nicht, wenn Max Schinckel, Vorsitzender und Mitglied zahlreicher Aufsichtsräte wirtschaftlicher, sozialer, kirchlicher und politischer Gremien, Geschäftsfreunde ins Haus brachte.

Von Repräsentation, die sie als junge Frau in ihrem Stadtpalais überreichlich hatte ausüben müssen, wollte sie im Alter nichts mehr wissen. Finanziers und Industrielle, denen sich Max Schinckel verpflichtet fühlte, mochte sie auch dann nicht bei sich sehen, wenn sie große Namen trugen. Sie nahm Anstand an ihren Tischmanieren und an ihren Zigarren, deren Qualm sie nachteilige Wirkungen auf die seidenen Vorhänge in ihren Salons zuschrieb. Der Großvater mußte sie auswärts bewirten, meist im Union Club, wo er ohnehin den vorgeschrittenen Nachmittag verbrachte, um Bridge zu spielen. Oft erhob er sich nicht rechtzeitig vom Kartentisch und kam zu spät zum Abendessen, das, im Familienkreis eingenommen, ohne Rücksicht auf den Hausherrn um Punkt sieben Uhr angerichtet wurde. Von unseren Plätzen an der Tafel konnten wir die Einfahrt beobachten und wahrnehmen, wie der Großvater im Laufschritt den Parkweg hinabeilte, um eine oder zwei Minuten einzuholen. Er bestand aus Gesundheitsgründen darauf, den Weg vom Bahnhof ins Haus zu Fuß zurückzulegen, statt sich im Wagen abholen zu lassen. Nahm er endlich Platz, wurde ihm nachserviert, während uns bereits der Nachtisch aufgetragen wurde. Jede Unterhaltung verstummte in Erwartung der Rüge, die die Großmutter für den unpünktlichen Großvater bereitzuhalten pflegte. Meist wurde sie erst im Salon beim schwarzen Kaffee ausgesprochen. Dann war das Eis gebrochen, und der Abend nahm seinen Verlauf. Kinder und Enkel saßen mit den Großeltern um einen runden Tisch, von dessen Mitte eine Petroleumlampe Licht spendete.

Der Großvater legte dann eine Patience, während die Großmutter sich der Lektüre der »Hamburger Nachrichten« widmete. Wir Enkel blickten auf die Elbe, die, eingerahmt in blühende Rhododendronwälder, in einem Ausschnitt sichtbar war. Die abendliche Ruhe wurde nur unterbrochen, wenn wir auf dem Strom ein großes Schiff vorbeiziehen sahen und über Reederei und Bestimmungsland zu streiten anfingen, ein Disput, dem erst ein Machtwort des schiffahrtskundigen Großvaters ein Ende setzte. Bisweilen unterbrach auch ein Kommentar der Großmutter zu den Familienanzeigen die Stille des Feierabends. Während sie Verlobungen meist kritisch begleitete, gewannen Todesfälle ihren uneingeschränkten Beifall; weil die Betreffenden nun endlich erlöst worden seien. Illustrierte wurden im großelterlichen Haus nicht gehalten. Tageszeitungen waren uns Enkeln erst nach der Konfirmation zugänglich. Elektronische Medien existierten noch nicht. So mußten wir uns mit dem Studium einer Postille begnügen, die unter dem Titel »Der Aufrechte« vom Leben des im holländischen Doorn exilierten Kaisers berichtete.

Max Schinckel war bis in seine letzten Lebensjahre geistig frisch und körperlich rüstig. Reiten gab er erst als Siebzigjähriger auf, die Jagd noch später. Als Greis stieg er vom Pferd auf den Fahrradsattel um und vertauschte Büchse und Flinte mit dem Golfschläger. Ausgedehnte Spaziergänge gehörten zu seinem täglichen Pensum. Im Park seiner Blankeneser »Villa Erika«, der sich über 200 Morgen ausdehnte, betätigte er sich mit dem Coupieren von Bäumen und Büschen. Bei dieser Verrichtung durfte er nicht von der Großmutter ertappt werden, die es nicht schätzte, wenn der Natur ins Handwerk gepfuscht wurde. Ihrem Gatten sprach sie jedes gärtnerische Verständnis ab.

Der Großvater hatte eigentlich Jura studieren wollen, ein Vorhaben, dem sich sein Vater widersetzte. Er entschied kurzerhand, seinen Sohn in die Praxis einer kaufmännischen Lehre zu geben, die er 1864 in dem Handelshaus Burmester & Stavenhagen antrat. Dort hatte auch sein Bruder Andreas seine Lehrzeit abgeleistet. Max Schinckel, einer der Träger des Aufstiegs der deutschen Wirtschaft zwischen 1871 und 1914, begann seine kometenhafte Karriere als Laufbursche, der die Post zustellen, Öllampen putzen und die Kopierpresse bedienen mußte. Als ich 1923 als Lehrling in Hamburg ähnlichen Aufgaben unterworfen wurde und mich beim Großvater über ihre Eintönigkeit beklagte, stieß ich auf taube Ohren. Er erinnerte mich daran, daß ich doch etwas werden wollte und versprochen hatte, ihm nachzueifern. Ich biß die Zähne zusammen und quälte mich weiter durch die Öde einer mechanischen Tätigkeit, die mich jahrelang nicht mehr loslassen sollte. Als ich dreiundzwanzig wurde, sah ich noch immer kein Land, während der Großvater es in diesem Alter bereits zum dritten Direktor der Norddeutschen Bank gebracht hatte.

Seine achtjährige Ausbildungszeit, die er, dem Rat des Vaters folgend, in Rußland vollendete, wurde durch den deutsch-französischen Krieg unterbrochen. Der erst zwanzigjährige Hamburger eilte aus St. Petersburg unter die preußischen Fahnen der 6. Magdeburger Dragoner, bei deren Haderslebener Eskadron er sich, keineswegs zum Entzücken von Paul Schinckel, als Freiwilliger hatte ausbilden lassen. Neben der kaufmännischen Lehre sollten Militär und Kriegsdienst die Persönlichkeit des jungen Großkaufmanns nachhaltig prägen. Sie brachten ihn in Berührung mit dem einfachen Mann, dessen Bedürfnisse er verstehen lernte, weckten sein Verantwortungsgefühl, erprobten seine Nerven, festigten seine Entschlußkraft und zeigten ihm die Grenzen zwischen vertretbarem Risiko und sträflichem Leichtsinn. Bei den Soldaten erlernte er die Achtung vor Rangunterschieden, das Umgehen mit Vorgesetzten, die Zurückhaltung beim Äußern der eigenen Meinung, Takt, Anstand und Kameradschaft, alle die Tugenden, die sich in dem Moltkewort vom mehr Sein als Scheinen ausdrücken. Er dachte gern an seine Dienstzeit zurück und zog bei feierlichen Anlässen die Uniform eines Rittmeisters seines alten Regiments an, die ihm Wilhelm II. verliehen hatte.

In den deutschen Einigungskrieg war der Großvater mit dem wachen Interesse eines hanseatischen Schlachtenbummlers gezogen. Er verließ seinen Schauplatz als überzeugter deutscher Patriot, der ein größeres Vaterland gewonnen hatte, dem er seine Begabung zur Verfügung stellen konnte.

Das Militär verband ihn aber auch mit einer Schicht, der man in Hamburg nur sehr gelegentlich begegnete, dem preußischen Adel. Aus den adligen Regiments- und Feldzugskameraden des Großvaters wurden Jagd- und Sportsfreunde, entwickelten sich Bekanntschaften, die er auf ostdeutschen Gütern und böhmischen Schlössern so pflegte wie auf dem Turf des Hamburger Rennvereins, dessen Präsidium er übernehmen sollte. Dem Hamburger Derby verschaffte er durch die alljährliche Anwesenheit des Kaisers höchsten Glanz. Er durfte sich der besonderen Gunst des Monarchen rühmen, dem er anläßlich einer Probefahrt vorgestellt worden war und der ihn durch Briefe und Telegramme – S.M. an M.S. – auszuzeichnen pflegte. Max Schinckel wurde typisch für eine Entwicklung, die sich in England und Frankreich schon früher abzeichnete, für die Assoziierung der alten Feudalschicht mit dem aus Industrie und Handel aufsteigenden Großbürgertum. Diese liberal eingestimmte neue Oberklasse gelangte um die Jahrhundertwende zu ihrer höchsten Blüte. In ihr wurden die ständischen Gegensätze des 18. Jahrhunderts eingeschmolzen und der Rigorismus der Bismarckzeit abgestreift.

Der Träger der Krone, der seine aus Aristokraten und Militärs bestehende Umgebung durch die Heranziehung von Männern der Wirtschaft auflockerte, setzte bedeutsame Zeichen. Der bei Ausbruch des Krieges in Deutschland noch nicht abgeschlossene Prozeß wurde 1918 beendet durch den mit Vehemenz einsetzenden Klassenkampf, der Unternehmern und Großgrundbesitzern erbitterte Feindschaft ansagte, bis 1933 der Nationalsozialismus andere Fronten errichtete. Wie viele Leute aus der gewerblichen Wirtschaft, die zu Geld gekommen waren, steckte Max Schinckel Kapital in heruntergekommene Güter und paßte ihre Produktionsmethoden modernen Erfordernissen an. Obwohl er ursprünglich auf dem Lande nur Erholung suchte, wurde er bald zum Großagrarier mit vier Betrieben. Als Krieg und Inflation einen erheblichen Teil seines in Wertpapieren angelegten Vermögens aufzehrten, erwiesen sich die ländlichen Immobilien als eine relativ beständige Investition, die ihn vor Not bewahren half. Auch der Erfahrung, nach der alte Familien durch Verbindung mit Magnaten der Wirtschaft ihre Krone gern vergoldeten, entging Max Schinckel nicht. Fast alle seine Kinder verehelichten sich mit Partnern aus dem Gothaischen Kalender.

Wie schon sein Vater, hatte Max Schinckel hinaufgeheiratet und mit Olga Berckemeyer eine Lebensgefährtin aus dem ältesten Patriziat Hamburgs gewählt. Der zur Zeit seiner Eheschließung noch mächtige und einflußreiche Klan meiner Großmutter ist heute fast ausgestorben, von Seitenlinien in Chile und Peru abgesehen. Der Ursprung der Schinckels ist umstritten. Mein Großvater verwies darauf, daß der Name im 13. Jahrhundert erst in Holstein und Hamburg und dann in Pommern, Mecklenburg und Schweden bei einem ritterbürtigen Geschlecht auftaucht. Mit adligen schwedischen Namensträgern nahm Max Schinckel Verbindung auf. Andere Forschungen wollen seine Vorfahren in Lieberechtsrode im Harz orten, wo es eine Bäckerfamilie Schinckel gab, die während des 18. Jahrhunderts nach Hamburg zog. Eine Beziehung zu dem 1781 in Neuruppin geborenen berühmten Baumeister und Maler Karl Friedrich Schinkel hat sich nicht herstellen lassen. Als Max Schinckel 1917 von Wilhelm II. in den erblichen preußischen Adelsstand erhoben wurde, änderte sich an seinem Lebensstil nichts. Er hatte sich nie als Aristokrat gefühlt, sondern als königlicher Kaufmann, was ihn gleichwertig dünkte. Meine Großmutter nahm von der Standeserhöhung überhaupt keine Notiz und nannte sich weiter Frau Schinckel, noch benutzte sie jemals das wappengeschmückte Papier, auf dem mein Großvater mit Freunden und Verwandten korrespondierte. Wie alle vornehmen Leute machte sie von ihrer Herkunft keinerlei Aufhebens. Nur wenn sie sich über den Großvater ärgerte, konnte sie sich gegenüber ihrer Hausdame zu dem Seufzer hinreißen lassen, daß »Herr Schinckel eben nicht dabei hergekommen sei«.

Er drückte zugleich Tadel und Nachsicht mit dem, verglichen zu ihrer Familie, geringeren Rang seiner Geburt aus.

Max Schinckel erfüllte alle Launen meiner an Einfällen

nicht gerade armen Großmutter. Finanziell war sie wie eine königliche Prinzessin gestellt. Die Rechnungen für ihre vielen Ausgaben kamen ihr nie zu Gesicht, sondern wurden durch das Sekretariat des Großvaters beglichen. Das Nadelgeld, das sie in bar empfing, war ihren Aussagen zufolge knapp bemessen. Wenn man jedoch in Betracht zieht, daß sie davon so gut wie nichts bezahlen mußte, war es eine hübsche Summe, von der sie immerhin Taschengeld für ihre Lieblingsenkel abzweigen konnte. Meine Großmutter hatte keinerlei Verhältnis zum Geld noch eine Vorstellung von den enormen Kosten ihrer drei Haushalte. Die Gehälter und Pensionen für ihre Angestellten waren ihr so unbekannt wie die Höhe der aufwendigen Reparaturen an ihren großen Häusern, von denen nur eines, von meinem Großvater erbaut, keine Unsummen für Instandhaltung verschlang. Als Kraftwagen an die Stelle der Pferdefuhrwerke traten, begleitete sie den Großvater auf die Berliner Automobilausstellung, von deren technischen Errungenschaften sie nicht das geringste verstand. Gleichwohl wählte sie mit sicherem Blick das teuerste Ausstellungsstück, das auf ihren Wunsch mit Extras versehen werden mußte, die noch einmal eine Stange Gold kosteten. Max Schinckel verwöhnte seine Frau auf jede erdenkliche Art und Weise. Er überhäufte sie mit herrlichem Schmuck, unter dem sich ein Perlencollier von überirdischem Glanz befand. Sie weigerte sich jedoch, den Großvater auf Reisen zu begleiten. Als junge Frau wurde sie in Pallanza durch ein Erdbeben aus ihrem Hotel vertrieben. In Wien mutete man ihr zu, in dem Bett zu schlafen, das König Milan von Serbien gerade verlassen hatte. Seitdem zog sie es vor, zu Hause zu bleiben.

In der Familie sprach Max Schinckel niemals über seine geschäftlichen Angelegenheiten. Die Höhe seiner Einnah-

men blieb uns so verschlossen wie der Umfang seines Vermögens. Er hatte Millionen Reichsmark Kriegsanleihe gezeichnet und anderen, wie dem Philosophen Hermann Keyserling, geraten, das gleiche zu tun, was sie ihm nachtrugen. Max Schinckel gehörte einer Generation an, die ihr persönliches Schicksal mit dem des Vaterlandes identifizierte, die an seinem Aufstieg teilgehabt hatte und sich nicht von ihm löste, als 1918 die Katastrophe hereinbrach. Ich erinnere mich noch der scharfen Worte, mit denen der Großvater das Verhalten der in Hamburg angesehenen Familie R. geißelte, der es gelungen war, durch rechtzeitige Transferierung ihres Vermögens in die Schweiz den Folgen der Inflation in Deutschland zu entgehen. Sie wurde noch Jahre darauf gesellschaftlich boykottiert.
Abgeschirmt gegen die Außenwelt, residierte der Großvater im Gebäude der Norddeutschen Bank am Neuen Wall in Hamburg. Das Allerheiligste in dem roten Backsteinbau war sein Arbeitszimmer, in das man, geleitet von einem livrierten Diener, durch einen Fahrstuhl gelangte. Aus den Fenstern des riesigen Raumes ging der Blick auf die trüben Wasser eines Fleets, das von der Alster in die Elbe floß und die Hamburger Innenstadt mit ihrem Herzen, dem großen Seehafen, verband. Wenn wir den Großvater dort besuchten und auf den Clubsesseln aus grünem Saffianleder vor seinem Mahagonischreibtisch Platz nehmen durften, sank uns das Herz in die Hose, kaum anders als den Managern der großen Aktiengesellschaften, die ihrem Aufsichtsratsvorsitzenden die Genehmigung für das Auflegen einer Anleihe an der Hamburger Börse abringen wollten.

Nach der Fusion der Norddeutschen Bank mit der Berliner Diskonto-Gesellschaft war Max Schinckel einer der Geschäftsinhaber des größten deutschen Bankinstituts geworden und damit ein Mann, von dem die Wirtschaft des

Kaiserreiches Jahrzehnte hindurch stärkste Impulse empfing. Der 1851 von David Hansemann gegründeten, von seinem Sohn Adolph fortgeführten Berliner Großbank leitete Schinckel mit der Norddeutschen Bank einen Partner zu, der mit Hamburgs Ausgreifen in die Welt, dem Aufbau der deutschen Überseeschiffahrt und der Finanzierung des Exports auf das engste verflochten war. Mit der 1895 erfolgenden Zusammenlegung der beiden Banken kamen Schinckel und Hansemann der Errichtung einer Filiale der Norddeutschen Bank in Berlin und einer Niederlassung der Diskonto-Gesellschaft in Hamburg zuvor. Um ihrem neuen Geschäftsinhaber sein Verbleiben in Hamburg zu sichern, änderte die Diskonto-Gesellschaft eigens ihre Satzung. Er behielt seinen Hamburger Wohnsitz auch bei, als Diskonto-Gesellschaft und Deutsche Bank eine Elefantenhochzeit feierten und Max v. Schinckel zu ihrem Ehrenpräsidenten wählten.

Der Bankier Max Schinckel gehörte 26 Aufsichtsräten großer und größter Unternehmen an, vierzehn davon als Vorsitzender. In Hamburg ließen sich Hapag, Hamburg-Süd, die Afrika-Linien und die Hamburg-Calcutta-Linie von ihm beraten und finanzieren. Als Aufsichtsratsvorsitzender der Hapag wurde er zum finanziellen Gewissen Albert Ballins, ihres genialen Generaldirektors, dessen Expansionsdrang das Kapital dieser größten deutschen Reederei auf das äußerste anspannte. Ballins Verhältnis zu meinem Großvater war nicht immer ungetrübt, bis die ungleichen Männer einen Waffenstillstand schlossen mit dem Ergebnis, daß Ballin kein größeres Unternehmen beginnen durfte, ohne Max Schinckel zu konsultieren. Der Bankier war dem Reeder darin voraus, daß er niemals die Rentabilität eines Projektes aus dem Auge verlor. Als Ballin für die Hapag Anlehnung an den Morgantrust suchte und seine Absicht kundtat, englische Schiffahrtslinien aufzukaufen, schob ihm Max Schinckel einen Riegel vor, in der Erkenntnis, daß die durch den wilhelminischen Kriegsflottenbau ohnehin getrübten Beziehungen zu dem mächtigen Nachbarland sich nicht weiter verschlechtern durften. Der Freitod Ballins am 9. November 1918 riß in Schinckels Augen eine Lücke in die Leitung der Hapag, die schwer wieder auszufüllen war. Er wollte jedoch nicht wahrhaben, daß es sich um den politisch motivierten Selbstmord eines Mannes handelte, der aus dem Umsturz und dem damit verbundenen Zusammenbruch seines Lebenswerkes Konsequenzen zog, die der gläubige Christ Max Schinckel nicht zu ziehen gedachte. Er empfand Ballins durch eigene Hand herbeigeführtes Ende auch als Flucht aus einer Verantwortung, die er nun ernster als jemals nahm.

In neueren Veröffentlichungen ist mein Großvater als Vertreter des deutschen Imperialismus angegriffen worden. Ich glaube, er würde darin keinen Vorwurf erblicken. In der Epoche, die er mitgestaltete, wurden alle großen Mächte vom Imperialismus getragen. Sieht man von Imperialismen wie dem des zaristischen Rußland ab, der territoriale Ambitionen mit panslavistischen Zielen vereinte, so deckte dieser Begriff Fortschritt und Ausdehnungsbedürfnis von Völkern, die nach dem oft zitierten »Platz an der Sonne« strebten, sich einen höheren Lebensstandard sichern wollten und zu Kraftproben bereit waren, wenn andere sich ihnen in den Weg stellten. Man mag darüber streiten, ob die Flottenpolitik Wilhelms II. diesem Vorhaben dienlich war oder es zu Fall bringen mußte. Politische Einsichten in die Regeln des europäischen und weltpolitischen Kräftespiels, wie sie Bismarck gegeben waren, blieben Wilhelm II. und seinen Ratgebern verwehrt. Von Bankiers wie Max Schinckel konnte nicht erwartet werden, daß sie dem wirtschaftlichen Aufschwung Zügel anlegten, um den Handelsneid anderer Mächte zu steuern. Das Primat der Politik anzurühren, wäre Max Schinckel so wenig eingefallen wie Vater und Sohn Rathenau. Er vertraute der politischen Führung wie nahezu alle bedeutenden Männer seiner Zeit.

Den Verlust des Krieges, der ihn an den Rand des wirtschaftlichen Ruins brachte, konnte Max Schinckel verschmerzen. Was er niemals verwand, war das Ende der Monarchie und der gesellschaftlichen Ordnung, auf die sie sich gründete. Von einem befristeten Mandat in der Hamburger Bürgerschaft abgesehen, hatte er mit der parlamentarischen Demokratie keine Fühlung gehabt. Zutiefst von der Ungleichheit der Menschen überzeugt, widersprach das Majoritätsprinzip seiner Einsicht und Erfahrung. Es wollte ihm nicht einleuchten, daß intelligente Menschen sich der Herrschaft einer zahlenmäßigen Mehrheit unterwerfen sollten. Auf den Generalversammlungen, die er leitete und durch seine blendende Rednergabe beherrschte, schnitt er Zwischenfragen das Wort ab und verwies Opponenten in ihre Schranken. Der Republik von Weimar konnte er keinen Geschmack abgewinnen. Seine Kritiker haben ihn deswegen der Unbelehrbarkeit und Sturheit, des Festhaltens am Ewiggestrigen geziehen. Zu Unrecht. Gewiß war Max Schinckel ein Konservativer vom alten Schrot und Korn, aber vernünftigen Neuerungen und haltbaren Kompromissen verschloß er sich nicht. Andernfalls wäre er nicht zu einem großen Wirtschaftsführer aufgestiegen.

Max Schinckel war auch nicht blind gegenüber den Schwächen und Fehlern des von ihm verehrten Kaisers Wilhelm II., der Zentralfigur seines Zeitalters. Aber Vorbehalte, die er gegen den Monarchen und seine Politik hegte, bewahrte er in seiner Brust, nicht anders als Zweifel in die Weisheit Gottes, die ihn wie jeden tiefgläubigen Menschen anfallen mochten. Max Schinckel sah in der Monarchie nicht nur ein Instrument der göttlichen Ordnung auf Erden, sondern auch eine Institution, die einem so gefühlsbetonten, politisch leicht verwirrbaren Volk wie den Deutschen auf den Leib gepaßt war. Ein Rütteln an diesem Fundament beschwor in seinen Augen das Chaos.

Max Schinckel hat die Ereignisse des Jahres 1933 und das, was folgte, nicht vorausgesehen, aber mit der Witterung des durch viele Krisen gegangenen Bankiers geahnt und gefürchtet. In seinen letzten Lebensjahren war er von tiefem Pessimismus erfüllt. Wenn er in den anderthalb Jahrzehnten zwischen Novemberrevolution und Hitlers Machtergreifung Deutschnationale und Stahlhelm mehr halbherzig als demonstrativ unterstützte und das Volksbegehren gegen den Young-Plan mit unterschrieb, so äußerte sich darin eher die Resignation des politisch heimatlos gewordenen Achtzigjährigen als Unterstützung des Rechtsradikalismus. Zum Ideengut des Nationalsozialismus hat Max Schinckel sich niemals verlautbart. Daß Hitler nicht die Rückkehr zu ihm vertrauten Verhältnissen verhieß, war ihm nur allzu deutlich.

Meine letzte Erinnerung an den Großvater geht in sein Todesjahr 1938 zurück, in dem ich mich wieder vermählt hatte und ihm meine neue Frau vorstellen wollte. Er weigerte sich, sie zu empfangen, und schloß seinen ablehnenden Bescheid mit dem Satz, er habe meine erste Frau noch nicht vergessen. Damals war ich aufs tiefste gekränkt. Heute liebe ich ihn auch für diese Schroffheit. Max Schinckels Größe lag darin, daß er für Grundsätze einstand, in der Familie nicht anders als im Staat.

HELENE VON NOSTITZ
1878–1944

Es war Anfang der dreißiger Jahre, als mich mein Onkel Erni Studnitz bei Helene Nostitz einführte. Sie bewohnte mit ihrem Gatten, dem letzten königlich-sächsischen Kultusminister Alfred von Nostitz-Wallwitz, ein geräumiges Haus im Berliner Vorort Zehlendorf. Henry van de Velde, einer der Schöpfer des Jugendstils, dessen Tochter den Bruder meiner Mutter geheiratet hatte, lieh der Villa seinen Genius. Die Entwürfe zu den Möbeln in den Wohnzimmern stammten von ihm. Die Büste Helenes als junge Frau hatte Auguste Rodin beigesteuert. Noch an der Schwelle des Hauses stießen wir auf das jüngste Kind, Renata, die einem eben gepflückten Pfirsich glich. Helene empfing uns mit großer Herzlichkeit. Sie hatte ein Faible für junge Leute, die sich von ihr angezogen fühlten, weil sie sich ohne lange Erkundigungen nach ihrem Woher und Wohin akzeptiert sahen. Ich verkehrte damals in vielen, um nicht zu sagen allen großen Berliner Häusern, von denen die meisten jüdisch waren. Der preußische Adel unterhielt keine Palais mehr in der Stadt, die ihr brandenburgisches Gesicht eingebüßt und die flackernden Züge einer Kapitale angenommen hatte, die sich gern Weltstadt nennen hörte.

Hier stand ich in einem Milieu, das in seiner Schlichtheit von der Grandeur beseelt war, die noch das Preußen

Wilhelms I. ausgezeichnet hatte. Helene Nostitz war eine geborene Hindenburg, Tochter eines Generals und Vetters des Feldmarschalls. Mehr noch bestimmte ihre Erscheinung das mütterliche Erbe. Ihre Großeltern waren der Fürst Münster und seine erste Gemahlin, eine Prinzessin Galitzine, ein ungleiches Paar. Münster, ein hannöverscher Standesherr, trat nach der Annexion Hannovers in preußische Dienste und wurde Bismarcks Botschafter, erst in London, dann in Paris. Die Großmutter war Russin aus einer reichen und mächtigen Sippe, die nach der Scheidung von Münster sich einem verschwenderischen Lebensstil hingab. Helenes Sohn Herbert hat dem Diplomaten, der sein Amt in souveräner Verachtung bürokratischer Ordnung versah und das Auswärtige Amt in Berlin nie anders als »Zentralrindvieh« zu titulieren pflegte, eine reizende biographische Studie gewidmet.

Helene Nostitz, deren Geburtstag sich am 18. November 1978 zum hundersten Male jährte, stand damals in der zweiten Hälfte ihres Lebens. Ein Hüftleiden behinderte ihre Bewegungen und gab ihr eine gewisse Schwerfälligkeit. Um so mehr wirkte das feingezeichnete Antlitz, in dem ein paar helle, vor Geist sprühende Augen standen. Helene Nostitz machte, was man einmal einen Salon nannte, den letzten Salon in der zum Verlöschen verurteilten Reichshauptstadt.

Es waren keine Finanziers und Politiker, keine Schickeria, die bei ihr ein- und ausging, sondern das geistige Berlin, das sich hier sammelte. Einstein und Reinhard, Hoffmannsthal und Rilke, Graf Kessler und Cosima Wagner, die amerikanische Tänzerin Ruth St. Denis und der Regisseur Edward Gordon Craig, Kuno Hardenberg und der Kronprinz Georg von Sachsen, Maximilian Harden, André Gide, Friedrich Meinecke und Romano Guardini, um nur einige zu nennen, hatten den Weg dieser außergewöhnlichen Frau gekreuzt, die, wo immer sie lebte, bedeutende Geister um sich scharte.

Helene Nostitz war allem Schönen aufgeschlossen. Sie malte und ließ sich noch zwei Tage vor ihrem Tode in Bassenheim, dem Gut ihrer verwitweten Tochter Renata Waldthausen, zu ihrer Staffelei tragen. Sie besaß eine einmalige Beobachtungsgabe, die sich in literarischen Notizen niederschlug. Sie verfaßte Bücher über Potsdam, Dresden und Berlin, veröffentlichte eine Schrift über ihre Beziehungen zu Rodin und einen schmalen Band »Aus dem Alten Europa«, der im Inselverlag erschien und anläßlich ihres hundertsten Geburtstages, mit wesentlichen Ergänzungen versehen, von ihrem Sohn Oswalt neu herausgegeben wurde.

Von den mütterlichen Großeltern her schien Helene Nostitz das Leben einer großen Dame vorherbestimmt. Aber ihr Pfad war nicht immer mit Rosen bestreut.

Ihr Gatte Alfred galt als Einzelgänger, dem es nach seinem eigenen Bekenntnis an Frische und Liebenswürdigkeit mangelte. »Primus omnium« in Meißen, Humanist, wählte er die Beamtenlaufbahn. Helene brauchte sieben Jahre, bis sie seine Werbung erhörte. Aber Nostitz war auch ein Rebell. Im Sommer 1907 hielt er auf einer Tagung des konservativen Vereins eine politische Rede, die den 36jährigen Legationsrat viele Jahre seiner Karriere kostete. Er wechselte vom königlich sächsischen in den herzoglichen Staatsdienst und wurde Regierungsrat in Weimar, wo Helene viele der Beziehungen knüpfte, die ihr Leben begleiteten. Als der Gatte Amtshauptmann in Auerbach wurde, einem vogtländischen Industrienest, zog sie die Musen nach, die sie auch nach Leipzig mitnahm. Der große Dirigent Arthur Nickisch, Josef Pembaur, Max Klinger,

Franz Werfel, Johannes Kalckreuth wurden ihre Jünger. Theodor Däubler las in ihrem Salon Gedichte. Als Alfred 1916–1918 die sächsische Gesandtschaft in Wien leitete, war Helene eine in der großen Welt etablierte Persönlichkeit. Anna Mahler-Werfel fand sie nach dem Tod ihres Sohnes Paul, der einem ärztlichen Fehlgriff erlag, voller Trauer, aber »edel, einfach und alles war von selbst verständlich«. Das Glück blieb launisch. Alfred war nur einen Monat Kultusminister in Dresden, dann versetzte die Novemberrevolution 1918 den erst 47jährigen in den Ruhestand. Helene urteilte über ihren Mann: »...der Schmerz über verfehlte Lebensmöglichkeiten« werde nie von ihm weichen.

Materielle Sorgen traten hinzu und überschatteten die folgenden Berliner Jahre. Dem Dritten Reich stand Helene zunächst aufgeschlossen, Alfred von vornherein kritisch gegenüber. Dann machte beide der Schrecken stumm. 1942 verließ Helene Berlin. Die Hauptstadt verlor ihre letzte große Dame.

Als Schriftstellerin hat Helene Nostitz Menschen, Zustände und Landschaften geschildert. Kein böses Wort scheint auf. Eine souveräne Schau, Verständnis für das menschlich Allzumenschliche, Toleranz prägten ihren Stil. Sie hielt Kuriositäten fest und verbarg nicht ihre Nostalgie für eine Zeit, zu deren Zeugen sie noch gehört hatte und die nun vor ihren Augen verblaßte. Lust am Untergang hat Helene Nostitz nie gespürt. Dazu war sie zu konstruktiv. Sie lebt in Kindern fort, die sie geliebt haben und bewundern – wie jeder, der Helene Nostitz begegnen durfte.

Gescheiterter Patriot

FRANZ VON PAPEN
1879–1969

Es gibt Menschen, die ihr Leben lang dafür büßen, daß sie mit einer nicht zeitgemäßen Herkunft ausgestattet wurden. Wäre Franz von Papen nicht von katholischem Adel, wohlhabend verheiratet und Kavallerieoffizier gewesen, sondern Gewerkschaftler und Sozialist, er würde in die neue deutsche Geschichte als großer Mann und Märtyrer eingegangen sein. Universitäten, Theater, Kasernen und öffentliche Plätze hätten sich mit seinem Namen geschmückt. Es gäbe einen Papen-Preis des Deutschen Buchhandels, Papen-Stipendiate und Ermahnungen in Schulbüchern, ihm nachzueifern. In periodischen Feierstunden würde der Bundestag seiner gedenken. Weil in der Bundesrepublik so wenig wie im Dritten Reich nicht sein kann, was nicht sein darf, wird Papen nicht als der Mann gefeiert, der 1932 Hitler fast verhindert hätte und 1934 als erster zum Widerstand gegen die Exzesse des NS-Regimes aufrief, sondern als »Steigbügelhalter« des Diktators geschmäht.

Als wir am 6. Mai 1969 auf dem Friedhof von Wallerfangen von Papen Abschied nahmen, der vier Tage zuvor in seinem 89. Lebensjahr verschieden war, standen wir mit Tausenden von Leidtragenden am Sarg eines Mannes, der einer der großen deutschen Patrioten unserer Zeit gewesen ist.

Ein politisch engagierter Aristokrat, verkörperte er einen Typus, der Jahrhunderte deutscher und europäischer Geschichte geprägt hatte. Papen gehörte einer Gattung an, die in Deutschland nach 1918 entmachtet, nach 1933 geächtet und nach 1945 ins Abseits gedrängt wurde. Franz von Papen wurde zum Buhmann der Nation. Die Deutschen erkoren ihn als Sündenbock für Leute, an die sie geglaubt hatten, von denen sie in die Katastrophe geführt wurden und an denen sie sich nicht mehr rächen konnten, weil sie in Nürnberg von den Siegern des Zweiten Weltkrieges exekutiert worden waren. An Papen versuchten die Deutschen nachzuvollziehen, was sie an Hitler versäumt hatten.

Der Haß gegen den früheren Reichskanzler stützt sich auf drei Vorwürfe: Papen habe mit seiner Aktion gegen Preußen den verfassungsmäßigen Rechtsstaat unterhöhlt; er habe Hitler zur Macht verholfen; er diente dem Dritten Reich auch dann noch, nachdem einige seiner engsten Mitarbeiter von den Schergen des Regimes ermordet oder in die Emigration gejagt worden waren.

Die Absetzung Brauns in Preußen ergab sich aus dem Zwang, den Dualismus zwischen der sozialdemokratisch geführten Preußenregierung und der konservativ ausgerichteten Reichsregierung zu beseitigen; zum anderen aus der Notwendigkeit, 60000 Mann preußischer Polizei dem Zugriff Hitlers zu entziehen, der auch in Preußen ans Ruder drängte. Papens »Staatsstreich« erfolgte mit Zustimmung des Staatsoberhauptes, des Reichspräsidenten von Hindenburg.

Hitler bedurfte keines Steigbügelhalters. Der Erste Weltkrieg wäre auch ohne das Attentat von Sarajewo ausgebrochen. Die Russische Revolution wäre auch ohne das freie Geleit der kaiserlich deutschen Regierung für Lenin in Szene gesetzt worden. Hitler hätte auch ohne Papens Vermittlung die Regierung übernommen. Vermutlich noch ein Jahr früher.

Wer die umfangreiche Literatur studiert, die sich mit der Vorgeschichte des 30. Januar 1933 befaßt, kann nur zu einem Schluß gelangen: Hätte Papen sich im Jahre 1932 durchgesetzt, so wären Deutschland das Dritte Reich und der Zweite Weltkrieg erspart geblieben. Der Preis, den Papen der Nation dafür abverlangen wollte – die Ausrufung des Notstandes und den Einsatz der Reichswehr gegen NSDAP und KPD –, war gewiß hoch. Verglichen mit dem was folgte, wog er leicht.

Die Vorgänge am 30. Januar 1933 lassen sich nur im Rückblick auf die Ereignisse des Jahres 1932 beurteilen. Aus den Reichstagswahlen vom 31. Juli waren die beiden antidemokratischen Parteien mit 319 von insgesamt 608 Mandaten hervorgegangen. Hitler stand im Zenit seiner Wahlerfolge.

Papen unternahm einen letzten Versuch, ihn verantwortlich an der Staatsführung zu beteiligen. Nachdem Hitler sich versagte, erbat er von Hindenburg die Order zur abermaligen Auflösung des Parlaments und die Anberaumung von Neuwahlen auf den 6. November. Bei ihnen büßte Hitler 34 Mandate und den Rest seiner Parteikasse ein. Sein unaufhaltsamer Aufstieg schien gebrochen, die NSDAP zeigte Risse. Nachdem auch jetzt keine regierungsfähige Mehrheit im Reichstag zustande gekommen war, trug Papen im Beisein Schleichers dem Reichspräsidenten einen Notstandsplan vor. Er kam nicht zur Durchführung, nachdem Schleicher dem Kabinett durch den Major Ott ein Planspiel vorführen ließ, aus dem sich ergab, daß die Reichswehr nicht auf Hitler und seine Anhänger schießen würde. Das »Kabinett der Barone«, mit dem Papen sich in einem beispiellosen Alleingang den von

Hitler entfesselten Kräften entgegengeworfen hatte, stürzte. Papen räumte Schleicher seinen Platz, weil dieser sich stark gemacht hatte, Hitlers Bewegung mit dem Strasserflügel der NSDAP, mit den Gewerkschaften und mit der SPD unterlaufen und den Bürgerkrieg vermeiden zu können. Da dieses Manöver nicht gelang, folgte Schleicher dem Beispiel Papens und erbat nun seinerseits vom Reichspräsidenten Vollmachten für einen Notstand. Hindenburg, der wie die Generale der Reichswehr den Bürgerkrieg scheute, lehnte das Ansinnen abermals ab. Damit entstand eine neue Situation. Schleicher trat zurück. Hindenburg, des Präsidialregimes leid, beauftragte Papen, die Rückkehr zu verfassungsmäßigen Zuständen vorzubereiten.

Nachdem eine Koalition zwischen Kommunisten, Sozialdemokraten und bürgerlichen Parteien undenkbar war, kam nur eine Regierung in Frage, die auch von Hitler getragen wurde. Es gelang Papen in zähen Verhandlungen, den Anteil der Nationalsozialisten auf Hitler, Göring und Frick im Reichskabinett zu beschränken. Sie wurden von acht bürgerlichen Ministern eingerahmt. Was Papen und Hindenburg in Kauf nehmen mußten, war die Kanzlerschaft Hitlers. Dagegen ging Papens Kalkül, daß es gelingen werde, Hitler zu domestizieren, nicht auf. Er irrte sich gründlich in Hitlers Zähigkeit und Durchsetzungsvermögen. Auch hatte er, wie alle damaligen Akteure, nicht die leiseste Vorstellung von der politischen Amoralität Hitlers und seiner Leute.

Papen war der einzige, der bereit gewesen wäre, den Einsatz der bewaffneten Macht zu wagen. Ob er Erfolg gehabt hätte oder gescheitert wäre wie später beim gleichen Vorhaben die Verschwörer vom 20. Juli 1944, ist eine andere Frage. Die Probe blieb ihm erspart. Seine Tragik war, daß er, anders als Schleicher, sich das Vertrauen

Hindenburgs erhalten hatte, der ihn nun ausersah, die einzige Alternative einzuleiten, die sich nach modernem Demokratieverständnis anbot – den Führer der stärksten Parlamentsgruppe für die Regierungsbildung zu gewinnen. Daß Papen dereinst als »Mörder der Demokratie« beschimpft werden würde, ließ sich niemand träumen.

Diese Vorgänge sind – zumal in der Retrospektive – so einfach, daß man die spätere Auslegung der Rolle Papens bei Hitlers Machtergreifung nur als einen ungeheuerlichen Irrtum, wenn nicht als schiere Böswilligkeit bezeichnen kann.

Ich habe mich oft gefragt, wie es zu dieser pathologisch anmutenden Fehlinterpretation kommen konnte. Ich fürchte, sie hat Wurzeln, die mit dem Geschehen selbst kaum in Zusammenhang stehen.

Papen zeichnete sich durch Eigenschaften aus, die ihn in jedem Land außer in Deutschland nach 1918 für eine politische Karriere prädestiniert hätten. Er war von guter Familie und gehörte der alten Oberschicht an, die man seit 1918 erledigt wähnte und deren politische Renaissance man zu verhindern suchte. Er war ein gläubiger katholischer Christ, der sich durch Unabhängigkeit des Denkens auszeichnete und darum in seiner eigenen Partei, dem Zentrum, ein Außenseiter blieb. Er war früher Offizier. Er war wohlhabend und setzte seine finanziellen Mittel politisch ein, was in Deutschland nur Finanziers von Linksparteien nicht verübelt wird. Papen war Monarchist. Wenn er sich zu den Wittelsbachern bekannt haben würde, hätte man ihm das durchgehen lassen. Daß der Katholik für die protestantischen preußischen Hohenzollern Sympathie bekundete, machte ihn suspekt.

Papen war nicht nur ein Herr, er sah auch so aus. Die Deutschen wollen keine Herren mehr. Nicht zufällig wird die Bezeichnung »Herrenreiter« in abträglichem Sinne gebraucht, wenn die Rede auf Papen kommt. Der Aristokrat Papen verband eine schnelle Auffassungsgabe mit gewandtem Auftreten. Damit verletzte er ein weiteres Tabu. Im Deutschland nach 1918 werden Aristokraten nur toleriert, wenn sie den Nachweis der Vertrottelung erbracht haben. Wer nach etwas aussieht, intelligent ist und obendrein aus guter Familie kommt, verstößt gegen die verbreitete Erwartung, daß überlegener Verstand durch einfache Herkunft und abstoßende äußere Erscheinung ausgeglichen werden müsse. Nimmt man hinzu, daß Papen Maßanzüge trug, fremde Sprachen beherrschte und ein Mann von Manieren war, so hat man die Komponenten zusammen, die ihn zu einem Stein des Anstoßes für die deutsche Politik werden ließen.

Ich kann nicht leugnen, daß mich vieles an Papen anzog. Er hatte sich nicht zur Macht gedrängt, sondern war wie Hindenburg in sein Amt fast genötigt worden. Es nach bestem Wissen und Gewissen zu versehen, ohne Rücksicht auf Popularität, erschien ihm als selbstverständliche Pflicht. Er hat das Menschenmögliche versucht, das Unheil zu verhüten. Als es trotzdem immer näher kam, verließ er das Staatsschiff nicht, sondern blieb an Bord, um Kurskorrekturen anzubringen.

Seine Marburger Rede war eine befreiende Tat. Sie zu entwerfen bedeutete gewiß Ruhm, der dem Schriftsteller Edgar J. Jung verbleibt. Die Rede zu halten, erforderte in einer Diktatur großen Mut. Der Abschluß des Konkordats war eine staatsmännische Leistung, die der römischen Kirche viel Arges ersparte. Zweimal – nach dem Dollfußmord und bei der Annexion – hat Papen dafür gesorgt, daß es wegen der deutschen Aktionen gegenüber Österreich nicht zu einem bewaffneten Konflikt kam. Daß die Türkei sich aus dem Kriege heraushalten konnte, war sein Verdienst, das ihm die Türken niemals vergessen haben.

Man mag darüber streiten, ob Papen die Ermordung seiner Mitarbeiter Jung, Bose und Ketteler mit der Quittierung des Dienstes hätte beantworten sollen. Papen hat nie geleugnet, daß ihn das Spiel um die Macht reizte, daß er die Karten der großen Politik gern mitmischte. Er war in eine Zeit gestellt, in der Menschenleben, sein eigenes eingeschlossen, ständig gefährdet waren. Sollte er emigrieren und das Schicksal von Treviranus teilen? Er entschied sich für das Ausharren in einer Mission, die ihm Hindenburg anvertraut hatte. Aus Motiven, die zu den Gewissensprüfungen führen, die jeder Mensch mit sich selbst abmachen muß. Niemand hat den Herzog von Talleyrand dafür getadelt, daß er als Bischof der Kirche, dann der Revolution und Napoleon und schließlich den Bourbonen diente. War er darum ehrvergessen, wie ein süddeutscher Publizist Papen anhängen wollte?

Der frühere Reichskanzler hat sich dieser Frage so wenig wie anderen entzogen, die seine politische Laufbahn betrafen. Der ihm Ehrlosigkeit vorhielt, war zudem ein Standesgenosse, was Papen tief erregte. Er rief den »Verein Rheinisch Westfälischer Katholischer Edelleute« an und bat ihn, ein Ehrengericht einzusetzen. »Unabhängig von der Frage der Billigung oder Mißbilligung von Papens Politik« gelangte dieses Gremium am 31. Juli 1962 zu folgendem Schluß:

> »Franz v. Papen hat unter Einsatz persönlicher Gefahr für Leib und Leben mit ritterlichem Mut für Wahrheit und Recht gerungen; er hat die Treue gegen Gott und sein Vaterland unter sehr schweren Verhältnissen nach bester Überzeugung bewährt; er hat seine Stellung niemals zu persönlichem Nutzen mißbraucht; und er hat

sich nach den Feststellungen des Ehrengerichts unter Würdigung aller heute bekannter Tatsachen, keinerlei unehrenhafter Handlung schuldig gemacht.«

Die deutsche Hetze gegen Papen setzte unmittelbar nach seinem Freispruch durch das Nürnberger Kriegsverbrecher-Tribunal ein. Der bayerische SPD-Abgeordnete Hoegner kommentierte ihn vor Journalisten mit der Bemerkung: »Dieser Freispruch ist ein Skandal. Ich werde dafür sorgen, daß diese Herren an der Gefängnistür wieder verhaftet werden.«

Nach Nürnberg wurde Papen 1946–1952 in sechs Entnazifizierungsprozessen angeklagt, zu neun Jahren Arbeitslager verurteilt und schließlich ebenfalls freigesprochen. Seine Vaterstadt Werl erkannte ihm den Ehrenbürgerbrief ab. Nach ihm benannte Straßen wurden umbenannt. Eine Spruchkammer entzog ihm den Führerschein. Die Bundesregierung beteiligte sich an dieser Verfolgung in der widerlichsten Weise. Das Auswärtige Amt machte ihm seine Botschafterpension streitig. Als Papst Johannes XXIII. wie vordem Papst Pius XI. Papen zu seinem Geheimkämmerer »di spada e cappa« ernannte, genierte sich das Bonner Außenamt nicht, durch den deutschen Botschafter beim Vatikan, Graf Strachwitz, eine Demarche zu unternehmen. Nachdem der Vatikan den Protest mit dem Hinweis erledigen wollte, der zuständige Sachbearbeiter habe sich in Urlaub befunden, gab sich die Bundesregierung »nicht zufrieden«. Im übrigen wußte Johannes XXIII., wem er die Ehrung zugedacht hatte. Anläßlich der Abberufung Papens aus Ankara, wo der spätere Papst zur gleichen Zeit als apostolischer Legat gewirkt hatte, sandte Johannes XXIII. ihm am 4. August 1944 einen in bewegten Worten gehaltenen Abschiedsbrief.

Im Haß gegen Papen entlädt sich vieles. Der Minderwertigkeitskomplex deutscher Intellektueller, die, unfähig zu objektiver Geschichtsbetrachtung, um ein Alibi buhlen, das ihre demokratische Gesinnung während der NS-Diktatur ausweisen soll.

Der Neid deutscher Kleinbürger auf einen Mann, der als erster Politiker jenen Widerstand leistete, den andere ohne glaubhaften Nachweis für sich zu reklamieren suchen. Von Leuten, die dem Kanzler des »Kabinetts der Barone« seine Abkunft so wenig verzeihen wie den Verschwörern des 20. Juli 1944. Sie wollen die Erinnerung daran löschen, daß SPD, Zentrum und Gewerkschaften sich Papen und Schleicher verweigerten, weil sie eher geneigt waren, sich mit Hitler abzufinden als mit einer Regierung aus der alten Oberschicht.

Ich begegnete dem umstrittenen Mann zum ersten Mal Anfang der dreißiger Jahre im »Schautenkasino« am Pariser Platz in Berlin, wo der von Heinrich von Gleichen geleitete »Herrenclub« seine Vortragsabende veranstaltete. Ich traf ihn wieder 1934 in Wien, nicht lange nach dem mißglückten Naziputsch, den Bundeskanzler Dollfuß mit dem Leben hatte bezahlen müssen. Die deutsche Gesandtschaft hatte sich bei diesem Unternehmen auf das schwerste kompromittiert. Ihr Chef, Dr. Franz Rieth, erlitt einen Nervenzusammenbruch. Allein der Besonnenheit des Gesandtschaftsrates Dr. Günther Altenburg war es zu danken, daß die Mission belastendes Material vernichtete und Verbindungsleute zu den Rebellen über die Grenze geschafft wurden. Mussolini drohte mit Einmarsch. Der nach Wien als Sonderbotschafter entsandte Papen sollte die Situation entwirren. Groß waren seine Chancen nicht. Gleichwohl gelang ihm in den folgenden Wochen das fast Unmögliche – die Wiederherstellung halbwegs normaler Beziehungen zwischen Wien und Berlin.

Papen wurden viele Steine in den Weg gelegt. Der noch immer einflußreiche österreichische Adel, der enge verwandtschaftliche Beziehungen zu katholischen Edelleuten in Westfalen pflegte, denen die Papens zugehörten, boykottierte den deutschen Abgesandten. Als Papen mich einlud, ihn mit Frau und Töchtern auf ein Fest des Wiener Golfklubs zu begleiten, ließ der Präsident des Vereins, Graf Seilern, uns eine volle Stunde warten, bevor er geruhte, den deutschen Botschafter zu begrüßen und das Essen beginnen zu lassen. Papen reagierte auf diese Ungezogenheit mit einem Lächeln. Aus seiner persönlichen Gegnerschaft zum Nationalsozialismus machte er in Wien so wenig ein Hehl wie jemals. Seine Frau verweigerte selbst bei Empfängen für die reichsdeutsche Kolonie den Hitlergruß. Als ich Jahre später Papens Gast in Ankara war, hatte sich der Stil seines Hauses nicht geändert. Papen ließ seinen Mitarbeitern freie Hand. Ketteler unterhielt Kontakte zu den österreichischen Legitimisten, die er in der Nacht nach der Annexion mit dem Tode bezahlte. Tschirschky verwikkelte sich in eine Affäre, die von der Gestapo aufgegriffen wurde. Einem Verhör in Berlin entzog er sich durch die Flucht nach England, wo er das Ende des Dritten Reiches abwartete. Mit beiden war ich befreundet.

Während des Krieges passierten alle Berichte deutscher Auslandsmissionen meinen Schreibtisch im Auswärtigen Amt. Allzu oft waren es Gesinnungstelegramme, deren Absender die Ansichten vertraten, die man in Berlin hören wollte. Nahezu der einzige, der die Lage so beschrieb, wie sie sich darstellte, war Papen. Ebensowenig scheute er sich, Hitler bei persönlichem Vortrag reinen Wein einzuschenken. Kein Wunder, daß Ribbentrop mit Erlaß vom 21. Oktober 1939 seinen Beamten jeden Kontakt mit Papen verbot, wenn dieser sich zu Besuchen in Berlin aufhielt.

Nach dem Kriege habe ich Papen häufiger getroffen. Auf der Anklagebank in Nürnberg, bei den Rennen in Baden-Baden und Köln, auf dem Wohnsitz, den er sich im badischen Obersasbach aus den Einnahmen seiner Memoiren wieder geschaffen hatte, in Brenners Parkhotel, wo wir seinen 80. Geburtstag feierten. Es waren Begegnungen mit einem alten Herrn, der frei von Bitterkeit über die erlittene Unbill und die nicht aufhörenden Kränkungen, den Mangel an Würde im neuen Deutschland souverän ignorierte. Es war Wiedersehn mit einem Staatsmann, der sich die Unabhängigkeit seines Denkens voll bewahrt hatte, mit einem seiner Familie ergebenen Patriarchen. Der Kavalier Papen hörte nicht auf, Frau und Töchter zu umsorgen. Er liebte seinen einzigen Sohn, der, vom Kriegsausbruch in Argentinien überrascht, nicht gezögert hatte zu den Fahnen zu eilen. Er entkam den Engländern, die sein Schiff im Südatlantik versenkten. In Nürnberg war er zur Stelle, um die Verteidigung seines Vaters zu organisieren.

Wie gegen jeden Menschen, der in einer großen Verantwortung gestanden hat, läßt sich auch gegen Papen manches vorbringen. Nur sind die Vorwürfe haltlos, die gegen ihn erhoben werden. Gewiß hätte Papen in die Emigration gehen können. Sein Vermögen und seine internationalen Beziehungen hätten ihm dies eher gestattet als anderen. Für ihn wäre eine Flucht ins Ausland kein Schritt ins Nichts gewesen. Es lag bei ihm, die Verhandlungen über das Konkordat scheitern zu lassen und die Spannung zwischen der römischen Kirche und dem Nationalsozialismus zu steigern. Ebensowenig hätte er es sich angelegen sein müssen, Hitler von einem Einmarsch in die Türkei abzuhalten. Aber was wäre für Deutschland daraus gewonnen worden? Eine noch schärfere Kirchenverfolgung? Ein Krieg gegen Österreich? Ein weiterer Gegner im Mittelmeerraum? Wer so argumentiert und es Papen vorhält, kein doppeltes Spiel getrieben und Hitler nicht mit allen ihm zur Verfügung stehenden Mitteln geschadet zu haben, der übersieht zweierlei. Einem Mann vom Zuschnitt Papens waren Doppeldeutigkeiten nicht zuzumuten. Zum anderen war Papen mit prophetischen Gaben so wenig gesegnet wie die meisten seiner Zeitgenossen. Als Politiker konnte er nur aus der Einsicht handeln, die ihm offen stand und sich bemühen, Probleme abzubauen, die die Lage Deutschlands erschwerten. Papen diente nicht dem Nationalsozialismus, sondern seinem Vaterland. Zwischen 1933 und 1945 konnte er dies nur innerhalb und nicht außerhalb des Regimes tun.

Papen wird keine Gerechtigkeit widerfahren, solange Historiker sich authentischer Zeugen dadurch entledigen, daß sie ihre Aussagen als unglaubwürdig abtun. Was Papen widerfuhr, hat auch Brüning erlebt, nachdem er in seinen Erinnerungen mit dem Märchen aufräumte, »hundert Meter vor dem Ziel« gescheitert zu sein und sich als Monarchist und Gefolgsmann Hindenburgs auswies. Es gab kaum einen Zeitgeschichtler, der nicht Krokodilstränen über die angebliche »Fälschung« der Brüning-Memoiren vergoß.

Man mag zu solchen Manipulationen stehen wie man will. Die vierzig Jahre nach Kriegsende ungestillte Lust der Deutschen an der Erniedrigung ihrer Vergangenheit hat die Grenzen überschritten, die selbst der Charakterlosigkeit gesetzt sind.

FREDDY HORSTMANN
1879–1947

LALLY HORSTMANN
1898–1955

Die Frage nach dem Standort einer Gesellschaft ist gleichbedeutend mit der Frage nach ihrem Mittelpunkt. In den Monarchien wird er gekennzeichnet durch den Abstand, den die Mitglieder der Gesellschaft gegenüber dem Thron einnehmen. In Republiken liegen die Dinge komplizierter. Nur selten kann sich der Inhaber der höchsten Würde auch als Haupt der »Gesellschaft« betrachten. Freundschaft mit dem Oberhaupt einer Republik verschafft darum noch keinen gesellschaftlichen Glanz, ungeachtet des Einflusses, der von solchen Beziehungen ausgehen kann. Während sich in der Monarchie die Gesellschaft ihrer Rolle als Hofgesellschaft bewußt ist und den Staat als ihr gehörig empfindet, sind die Bindungen der Gesellschaft zu einer Republik lockerer. Zwischen ihrem Ansehen und dem des Staates gibt es keine Wechselwirkung.

Nach 1918 kamen die Inhaber hoher Staatsämter, ansehnlicher Vermögen und großer Namen in Deutschland nicht mehr aus der gleichen Schicht. Fürsten und Adel, teilweise verarmt, waren politisch entmachtet. Für das große Bürgertum waren die Segnungen einer liberalen Monarchie zu kurz gewesen, um eine Tradition politischer Betätigung zu begründen. Als die Monarchie stürzte, zog sich die Bourgeoisie auf ihre materiellen Ausgangsstellungen zurück. Die Politik blieb somit Interessenten überlassen, die einen Beruf daraus zu machen verstanden. Das Phänomen, daß nach 1918 die Linke mehr fähige Politiker hervorbrachte als die Mitte und die Rechte, hatte seine Wurzel auch im politischen Desinteresse der Schichten, die bis 1918 den Staat getragen hatten. Dementsprechend gab es in der Reichshauptstadt eine Fülle durch Interessen verbundener Cliquen, aber keine tonangebende Gesellschaft. Die Industrie verkehrte unter sich und die Bankiers. Die Offiziere der Reichswehr luden sich gegenseitig ein. So taten es die Professoren und die Beamten, zumal die des Auswärtigen Amtes. Als Hitler die Macht usurpierte, bildete sich auch um die Hierarchie der Partei eine Art gesellschaftliches Leben. Aber diese Rinnsale, aus denen sich im allgemeinen der Strom gesellschaftlichen Lebens bildet, flossen nicht zusammen.

Die Vertreter des Diplomatischen Korps, die nach Berlin kamen, fanden sich daher nur schwer zurecht. Sie wußten nicht, mit wem sie Verkehr aufnehmen sollten. Sie waren ständig im Zweifel, wen sie mit wem einladen konnten, ohne einen Fauxpas zu begehen. In diesem Dilemma gewann das Haus Horstmann seine einzigartige Bedeutung. In einer Zeit der politischen Auflösung und der Zersetzung aller Persönlichkeitswerte blieb es den Horstmanns vorbehalten, Berlin etwas zu schenken, das in der rauhen Luft der Mark selbst zu Zeiten der Monarchie nur vereinzelt geblüht hatte: einen Salon. Inmitten des sich abzeichnenden Chaos wurde das Haus Horstmann zum Treffpunkt einer Schicht von Menschen, die in Ahnung des nahenden Unterganges an einem Ort Vergessen suchte, an dem den Überlieferungen des Ancien Regime in graziösester Form gehuldigt wurde.

Bis zum Ende sollte über diesem Haus ein unsichtbarer

Schutzengel walten. Als in den Nächten des 22. und 23. November 1943 das Tiergartenviertel mit seinen Botschaften und Gesandtschaften, der alte Westen und das Hansaviertel mit den letzten Wohnungen, in denen noch Gäste empfangen wurden, in Flammen aufgingen, blieben die Horstmanns am Steinplatz wie durch ein Wunder verschont. Diese Aussparung kostete sie später das Leben. Als die Hybris begann und Geschützdonner die Einschließung der Stadt ankündigte, begaben sich die Horstmanns, alle Warnungen mißachtend, auf ihr Gut Kerzendorf. Dort – nur 25 Kilometer von ihrem geliebten Berlin entfernt – erwarteten sie die Russen. Ein Jahr später verhungerte der Schöpfer so vieler opulenter Gastmähler im Konzentrationslager Oranienburg. Seine Witwe begann ein Wanderleben durch die Welt, die so viele Jahre in ihrem Berliner Salon zu Hause gewesen war. 1955 ereilte ein rätselhafter Tod sie in São Paulo. Unter Eukalyptusbäumen ruht Frau Horstmann in einem Grab, das in seiner nüchternen Zweckbestimmung an einen Luftschutzbunker erinnert. Ihrem Wunsch folgend, sind in den Beton die Worte eingegraben: »Here is nothing for tears.«

Äußerlich war kein ungleicheres Paar denkbar. Freddy Horstmann erinnerte an eine Gestalt aus der heroischen Epoche des amerikanischen Kapitalismus. Auf mächtigen Schultern ruhte ein runder Kopf. Buschige, eisgraue Augenbrauen und ein gepflegter Seehundbart umrahmten ein Gesicht, das große Intelligenz, Energie und Lebensfreude spiegelte. Alles in allem glich Freddy einem jener amerikanischen Millionäre, die während des Untergangs der »Titanic« ihre mit Diamanten und Chinchillas bedeckten Frauen in die Boote begleiteten, um dann selbst, eine Havanna rauchend, in den Ballsaal des Schiffes zurückzukehren und bei den Klängen eines Straußschen Walzers ihr Ende zu erwarten. Lally Horstmann war mit einer wunderbaren Gestalt beschenkt. In ihrem von schwarzen Locken eingerahmten schneeweißen Antlitz glänzten zwei von Nervosität und Geist sprühende Augen, deren Pupillen am Tage schrumpften, um sich beim Aufflammen des ersten elektrischen Lichts wie die Seher von Nachttieren zu weiten. Die Blässe des Gesichts und die Laszivität des Mundes kontrastierten mit Zügen, die bisweilen negroid wirkten. Um Jahrzehnte jünger als ihr Gatte, in den sie sich sechzehnjährig verliebt hatte, hätte Lally Horstmann gut seine Tochter sein können. Sie war es auch in dem Sinne, daß sie, von ihm geformt, an seiner Seite ein unselbständiges Leben führte, das zu ihren eigenen Interessen in reizvollem Widerspruch stand.

Soziologisch entstammten die Horstmanns dem wilhelminischen Großbürgertum. Freddy kam aus Frankfurt, wo sein Vater als Inhaber des »Frankfurter Generalanzeiger« seinen Kindern ein beträchtliches Vermögen hinterlassen hatte. Lally war die jüngere Tochter des Berliner Bankiers Paul von Schwabach, der seine Frau aus der Hamburger Patrizierfamilie Schroeder geholt hatte. Wie die Mendelsohns, Oppenheims, Weinbergs, Friedländer-Fulds, Bleichröders, Goldschmidt-Rothschilds und später die Gutmanns, zählten die Schwabachs zu dem Kreis vornehmer jüdischer Familien, die in der liberalen Luft des Kaiserreichs Reichtum und sozialen Rang gewonnen hatten, die ihnen die Entfaltung eines aristokratischen Lebensstils ermöglichten.

Wohlstand und Neigung hatten Horstmann in die Diplomatie geführt. Als junger Attaché war er in Paris zur jeunesse dorée Europas gestoßen, wo er in einem Team französischer Herzöge Polo spielen lernte. Gegen Ende des Weltkrieges hatte ihn der mit Friedensverhandlungen in

Polen und Rumänien betraute Richard von Kühlmann in seinen Stab aufgenommen. Spätere Stationen seiner diplomatischen Karriere sahen Horstmann als Gesandten in Brüssel und Lissabon. In diesen Kapitalen gewannen die Horstmanns als Gastgeber europäischen Ruf. Von ihren Diners sprach man in Lissabon und Brüssel noch lange. Horstmanns Perfektionismus, seine Sorgfalt fürs Detail erstreckte sich bis auf die Kleider der Damen, die an seiner Tafel erschienen. Oft verbrachte er Vormittage am Telefon, um den Geladenen eine bestimmte Robe zu empfehlen, ihnen von einer Farbe abzuraten, die nicht zu der von ihm in Aussicht genommenen Tischdekoration paßte, sie zu bitten, einen Schmuck anzulegen, der auf die Architektur seiner Möbel, den Charakter seiner Gobelins Rücksicht nahm. Der verstorbene Lissaboner Bankier und Kunstmäzen Ricardo Espiritu Santo bezeichnete Horstmann als den Diplomaten der Neuzeit, der im gesellschaftlichen Leben Lusitaniens dauernde Spuren hinterlassen habe. Mit kostbaren Möbeln, die ihm Horstmann nach seiner Abberufung vom Tajo zur Aufbewahrung hinterlassen hatte, richtete Espiritu Santo in seinem Landhaus bei Estoril eine Art Horstmann-Museum ein. Die Zeitläufe wollten es, daß in Horstmanns Zimmern durchreisende alliierte Führer, wie Lord Louis Mountbatten und der Herzog von Windsor, Aufnahme fanden.

Als die Horstmanns sich einige Jahre vor dem Krieg in der Berliner Tiergartenstraße niederließen, wurden ihre Gesellschaften schnell berühmt. Gestützt auf eine Vielfalt internationaler Beziehungen, ausgestattet mit einem Geschmack, der sich in den Toiletten der Hausfrau so manifestierte wie in der kulinarischen Komposition der Diners, gewannen die Horstmanns Berlin im Sturm. Wer gesellschaftlich aufsteigen wollte, suchte bei ihnen Eingang.

Joachim von Ribbentrop gehörte dazu. Es sollte eine schicksalhafte Begegnung werden. Als Ribbentrop, am Ziel seiner Ambitionen, von Neurath das Auswärtige Amt übernahm, trug er Horstmann die Leitung des Protokolls an. Daß Horstmann für diese Stellung wie niemand sonst prädestiniert schien, gaben auch seine Neider zu. Doch mit dem Angebot war inoffiziell eine Bedingung verknüpft, die Horstmann keinen Augenblick in Erwägung zu ziehen bereit war, die Trennung von seiner halbjüdischen Frau. Horstmann erklärte seinen Abschied. Er riß ihn aus seiner Karriere, die er über alles liebte und die fortzusetzen seinen gesellschaftlichen Interessen und seiner Leidenschaft für die Politik und das diplomatische Handwerk entsprochen hätte.

Die Festigkeit seines Entschlusses erregte allgemeine Aufmerksamkeit. So mancher weniger Glückliche hatte in Horstmann nur einen Genußmenschen sehen wollen. Andere hielten seine Gelassenheit für Frivolität, seine Klugheit für Zynismus. Die gesellschaftlichen Erfolge des Hauses Horstmann hatten Kritiker aufgerufen, die Vorliebe des Hausherrn für das schöne Geschlecht einen Kranz von Legenden um sein Privatleben gewoben. Überdies lebte man in einer Zeit, die Loyalität nicht eben groß schrieb. Scheidungen, um Karriere zu machen, waren an der Tagesordnung. Diese Zerreißprobe sollte nicht die einzige bleiben, vor die die Horstmannsche Ehe gestellt wurde. Im Frühjahr 1943 ließ Ribbentrop Horstmann wissen, er könne für die Sicherheit von Frau Horstmann nicht mehr einstehen, sei aber bereit, dem Ehepaar die Ausreise nach Portugal zu ermöglichen. Horstmann riet seiner Frau, das Angebot anzunehmen. Er selbst konnte sich zur Emigration nicht entschließen. Aber nun weigerte sich Lally, ihren Mann zu verlassen. Ebenso harrte sie bei ihm aus, als

Horstmann im Frühjahr 1945 die letzten Möglichkeiten, sich nach Westen abzusetzen, verstreichen ließ.

Am Vorabend des Krieges tauschten die Horstmanns ihr Haus am Tiergarten mit einem Miet-Parterre am Steinplatz. Gleichzeitig mit dem Umzug aus der Weite in die Enge wurde die Restauration des von den Schwabachs übernommenen, von Knobelsdorff geschaffenen Schlößchens Kerzendorf eingeleitet. Dieses Petit Château aus dem 18. Jahrhundert von den Zutaten der Gründerzeit zu befreien und in seinen ursprünglichen Formen wieder herzurichten, war ein Unternehmen, das Horstmann bis tief in den Krieg hinein beschäftigte. Um den Umbau zu beaufsichtigen, bezog er ein im Kerzendorfer Park gelegenes Cottage, in dem er seine schönsten Louis-Seize-Möbel aufgestellt hatte, während der Steinplatz in dem von ihm bevorzugten Louis-Quinze-Milieu eingerichtet worden war. Das Jahr 1941 sollte der Kerzendorfer Idylle ein grausiges Ende bereiten. Eines Nachts suchten feindliche Bomber die im benachbarten Ludwigsfelder Forst versteckte Panzerfabrik. Es wurden »Christbäume« gesetzt, die der Wind über das Zentrum des Kerzendorfer Parks abtrieb. Wenige Augenblicke später stand das Knobelsdorffsche Schlößchen in Flammen. Eine Sprengbombe zerriß das Cottage. Unersetzliche Kunstwerke gingen verloren.

Horstmann, der an der Seite seiner Frau und einiger Wochenendgäste den Angriff überstanden hatte, verlor kein Wort und ging sofort an die Aufräumarbeiten. Zwei Jahre später hatte er sich in einem Beamtenhaus im Schatten der Kerzendorfer Ruine abermals ein Milieu geschaffen, das dem Erbauer der Trianons Ehre gemacht hätte. Das Kerzendorfer Desaster gab dem pied à terre am Steinplatz eine Bestimmung, die ihm nicht zugedacht war. Die Wohnung bestand aus drei Salons, die nach der Straße zu gelegen waren, und einigen Hinterzimmern. Die Salons dienten dem Ehepaar auch als Schlafzimmer. Horstmann, der Bewohner so vieler Villen und Schlösser, zeigte sich nun als Meister der Beschränkung. Gäste hatten das Gefühl, daß sich die Tore eines Pariser Palais öffneten. Die Wände waren mit Boiserien verkleidet, ein Salon als Bibliothek eingerichtet. Die Fenster, von Rolladen abgeschirmt, säumten rote Damastvorhänge. Die Decken hatte ein schwedischer Künstler mit Wolkenfreskos bemalt. Der Wohnstil der »Grande Epoque« herrschte bis in die letzten Ecken. Selbst das WC wurde durch einen signierten Louis-Quinze-Sessel verkleidet. Die Badezimmer schmückten Gouachezeichnungen. Eine Bronzebüste des Sonnenkönigs thronte im Vestibül, als wolle sie den Gästen bedeuten, wessen Geist in diesen Räumen regiere. Die Horstmannschen Diener trugen blaue Fräcke und rote Westen. Sie geleiteten die Gäste bis an die Schwelle des Salons, wo sie der Hausherr mit dem Ruf »Welche Freude!« begrüßte. Die Hausfrau empfing im anschließenden Salon. Im dritten wurde die Tafel vorbereitet.

Mit den Dienern hatte es seine eigene Bewandtnis. Die vor dem Kriege in Horstmannschen oder Schwabachschen Diensten gestanden hatten, waren inzwischen zur Polizei eingezogen worden, wo Freddy sie sich ausborgte. Mitunter wurde ein Diener ertappt, wie er sein Ohr an eine Salontür legte, um Gespräche abzuhören. Obwohl Horstmann in Gesellschaft niemals politische Themen berührte, hielten sich seine Gäste nicht immer an diese Regel. Die Diplomaten forderten zu gelegentlichen politischen Unterhaltungen heraus, oder sie erörterten die Kriegslage. Horstmann, der gefesselte Kosmopolit, bedrückt durch die ständige Sorge um seine Frau, war jedoch zu stolz, um Ausländern gegenüber ein Wort über deutsche Zustände fallenzulassen. Er offenbarte sich nur unter vier Augen. Dann freilich kämpfte er auch mit Tränen.

Diplomaten, die nach Berlin versetzt wurden, pflegten einen Besuch im Hause Horstmann oft schon zu absolvieren, bevor sie dem Chef des Protokolls ihre Aufwartung machten. Gewiß waren die Horstmanns nicht das einzige deutsche Haus, das sich Ausländern während des Krieges noch öffnete. Aber hier war der tonangebende Mittelpunkt, und die Diplomaten beurteilten den gesellschaftlichen Rang ihrer Kollegen danach, ob sie bei Horstmanns verkehrten. Den Mitgliedern des Auswärtigen Amtes dagegen war der Boykott des Hauses Horstmann nahegelegt worden. Nicht wenige kamen dieser Aufforderung nach – ein Verhalten, das Horstmann des Kontaktes mit seinen ehemaligen Kollegen beraubte und ihn tief betrübte.

Horstmann nannte seine Wohnung gern eine »Abendschönheit«, weil sie bei künstlicher Beleuchtung besser zur Wirkung gelangte als bei Tage. Seine Tischdekorationen konnten als Kunstwerke gelten. Den schönsten Schmuck bot das Seerosendiner. Die Seerosen wurden eine Stunde vor Beginn des Essens im Buckower See geschnitten und im Auto nach Berlin geschafft, wo sie auf die Tafel zusammen mit Seerosen aus Berliner Porzellan gelegt wurden. Beim Vogeldiner zierte eine Sammlung Meißner Papageien den Tisch. In der Mitte der Tafel war eine vergoldete Voliere aufgebaut, die mit Kolibris bevölkert wurde, die Freddy aus dem Berliner Zoo kommen ließ. Beim Mohrendiner marschierte aus den Horstmannschen Kunstsammlungen eine Kompanie Meißner Porzellanmohren auf. Die Jahre nach dem Ersten Weltkrieg, als fürstliche Interieurs zur Versteigerung kamen, hatte Horstmann zu umfangreichen Erwerbungen genutzt. Er besaß das vielleicht schönste Vermeille und das kostbarste Augsburger Silber in

Deutschland. Teile des Meißner Schwanenservices, das für den Zaren gefertigt worden war und von dem sich Doubletten nur im Pförtener Schloß des Grafen Brühl befanden, waren in seinen Besitz gelangt. Ständig war Horstmann auf die Vervollständigung seiner Schätze bedacht.

Seinen Freunden war Horstmann bei Kunstkäufen insofern ein gefährlicher Ratgeber, als er alles »billig« fand und aus Takt auch zweitklassige Erwerbungen, die ohne seine Hilfe zustande gekommen waren, für großartig erklärte. Fast jeden Nachmittag suchte Horstmann Kunsthändler auf, die sich in Berlin bis zum Kriegsende in großer Zahl hielten. Der Auktionator Lange, die Kunsthändler Lindpaintner, Wolfram, Michelsen und Strauss, der Leiter der Wertheimischen Antiquitätenabteilung, Luchmann, der später die Horstmannsche Wohnung am Steinplatz übernahm, zählten zu seinen Freunden.

Spötter verglichen die Abende im Hause Horstmann gelegentlich mit einem Zirkus. Der Vergleich traf ins Schwarze, sofern damit die Organisation gemeint war, ohne die ein Zirkus nicht auftreten kann. Horstmann haßte den Zufall. In den Gedankengängen des 18. Jahrhunderts bewandert, war ihm nichts mehr zuwider als »zwanglose« Geselligkeit im bürgerlichen Sinne. In dem Rahmen, den er bot, mußte alles seine Ordnung haben. Niemand sollte sein Haus verlassen, ohne sich unterhalten zu haben. Er duldete keine Cliquen. Selbst Flirtende trennte er, wenn er befürchten mußte, ihr Zusammenhocken könnte den Ablauf des Abends gefährden. Mauerblümchen gab es bei ihm nicht. Unablässig blieb er bemüht, die Gäste zu mischen.

Der Horstmannsche »Snobismus« bestand in seinem Auswahlsystem. Im Zeitalter der Cocktailpartys huldigte Horstmann der reaktionär anmutenden Auffassung, daß jeder Gast zum Gelingen eines gesellschaftlichen Beisammenseins einen Beitrag zu leisten habe, und sei es nur dadurch, daß er das Interesse anderer Geladener erwecke. Um bei Horstmanns eingeladen zu werden, mußte man entweder intelligent sein oder vermögend, oder gut aussehen, oder einen bekannten Namen tragen. Macht und Einfluß auf irgendeinem Gebiet waren ihm willkommen. Wer das Pech hatte, nichts Derartiges aufzuweisen, durfte nicht hoffen, bei Horstmanns verkehren zu können. Innerhalb dieser Kategorien gab es jedoch keine Bevorzugung. Horstmann war ein geistreicher Schriftsteller nicht weniger recht als ein vertrottelter Prinz. Von Frauen verlangte er Schönheit, Anmut und gute Kleider, aber keine hohe Abkunft. Wer sehr reich war, durfte auch dumm sein. Die Beobachtung dieser Grundsätze sicherte das Ansehen seines Salons.

Beide Horstmanns kannten natürlich auch eine Unmenge Menschen, auf die keine dieser Voraussetzungen zutraf. Man begegnete ihnen jedoch nicht auf ihren Gesellschaften. Wollte Horstmann einen Bekannten auf seine Gesellschaftsfähigkeit testen, so lud er ihn zum Lunch unter vier Augen. Auf dem Tisch neben einem Fenster, das den Blick auf den Steinplatz freigab, waren zwei Gedecke aufgelegt. Der Dekoration dieser Mahlzeit à deux war die gleiche Sorgfalt gewidmet wie den großen Diners. Im Frühsommer, wenn im Vorgarten lila Rhododendren blühten, kehrte Lila in den Blumendekors des aufgelegten Fayencegeschirrs wieder und in der Farbe von Freddys Hausjoppe und den Blumen, die die kleine Tafel schmückten. Diese nur aus wenigen Gängen bestehenden Gabelfrühstücke gaben der Horstmannschen Küche die von Horstmann immer wieder gewünschte Gelegenheit zu Probegalopps. Sie gestatteten ihm, kulinarische Novitäten und noch nicht genossene Weine zu prüfen. Bisweilen ließ er ein Gericht dreimal in die Küche zurückgehen, bis es den Zustand erreicht hatte, den er als »comme il faut« bezeichnete. Sein Küchenpersonal blieb so stets auf der Höhe des Könnens. Die kriegsmäßige Rationalisierung der Lebensmittel zwang auch die Horstmanns zu Einschränkungen. Wohl brachten Freunde vom Lande Wild und Geflügel. Die Versorgung der gästereichen Tafel sicherten jedoch erst die Diplomaten. Vom Auswärtigen Amt mit achtfachen Lebensmittelkarten für jedes Mitglied ihres Haushaltes ausgestattet, stifteten sie den Horstmanns ihre nicht ausgenutzten Coupons. Sie dienten damit sich selbst.

Die intimen Mittagessen verhalfen den Horstmanns zu mancher gesellschaftlicher Neuentdeckung. Ohne jede Voreingenommenheit spürten beide Horstmanns neuen Menschen nach. Wer ihnen den Durchschnitt zu überragen schien, wurde geladen. Als Menschenkenner hatten sie bald das ihnen wissenswert Erscheinende über Intelligenz, Herkunft, Vermögen, Stellung und Manieren ihres Gastes in Erfahrung gebracht. Wer die Probe bestand, konnte mit einer Einladung im größeren Kreis rechnen. Mancher, der das erste Examen bestanden hatte, fiel beim zweiten dann doch durch. Gesellschaftliche »trouvailles« entzückten Horstmann nicht weniger als die Akquisition eines Kunstgegenstandes und versetzten seine Frau in den gleichen Enthusiasmus, den sie empfand, wenn ihr ein junger Poet Reime widmete.

Ihre Entdeckungen zu »lancieren«, machte den Horstmanns die größte Freude. Die unvergeßliche Helga Nehring, ein Geheimratstöchterlein aus dem Grunewald, fand so ihren Eingang in die Berliner Gesellschaft, der sie bis zum bitteren Ende eine Folie klassischer Schönheit lieh. Die Gräfin Gloria Fürstenberg, eine geborene Mexikanerin, dankte ihren Siegeszug durch Berlin dem Hause Horstmann, das ihrem geistsprühenden Temperament viele glänzende Auftritte ermöglichte. Der aus Ungarn gebürtigen Erbprinzessin von Arenberg, die sich in Westfalen schwer tat, erwiesen die Horstmanns standesgemäße Reverenz. Der Kranz von Schönheiten, der sich bei den Horstmanns zu versammeln wußte, kam nie zum Verwelken.

Die nachteiligste Wirkung übten die Bombenangriffe im November 1943 aus, die nahezu alle Horstmannschen Freunde ihrer Wohnung beraubten und viele von ihnen zum Exodus aus Berlin veranlaßten. Horstmann, der trotz eines Herzleidens keine physische Angst kannte, gab darum nicht auf. Die Anfangszeiten seiner Abendgesellschaften wurden den Stunden der Luftangriffe angepaßt. Das Krachen der Bomben, der Donner der am Tiergarten aufgestellten Flak ließen ihn ungerührt. Sie entlockten Horstmann allenfalls einen Wink an die Diener, die Vorhänge etwas fester zuzuziehen, um die Ohren der Gäste vor dem Lärm der Luftschlacht zu bewahren. Einen Schutzraum aufzusuchen, war das Ehepaar nicht zu bewegen. Bis der Luftdruck eines am Steinplatz niedergehenden Sprengkörpers auch bei den Horstmanns alle Rolladen und Spiegelglasscheiben herausblies. Damit war für die Gastgeber kein Bleiben mehr. Sie übersiedelten nach Buckow, wo Horstmanns Schwester, die Gräfin Elly Dohna, seinem Kreis großzügiges Refugium bot.

Horstmanns unablässig planender Geist nahm sich nun der Gastlichkeit auf den umliegenden Landsitzen und Ausweichquartieren an. Es scherte ihn wenig, daß die Fahrten zu solchen Zusammenkünften mit immer größeren Schwierigkeiten verbunden waren, da selbst den Diplomaten häufig der Treibstoff ausging oder ein Holzgaswagen, den er einem Metzger abmietete, im Schnee steckenblieb. Horstmann wollte seine Freunde zusammenhalten. Er suchte die

Formen einer verfeinerten Lebenskultur inmitten der Anarchie zu pflegen, die mit dem vom Oderbruch herüberschallenden Kanonendonner bis an die Schwelle der stillen märkischen Landsitze brandete.

Der Frankfurter Horstmann hatte Berlin und Brandenburg gewählt, und an dieser Devise hielt er mit ganzer Zähigkeit fest. Als ihm im Oktober 1944 noch einmal die Möglichkeit geboten wurde, sich und den Rest seiner Kunstschätze nach Westen zu verlagern, winkte er wiederum ab. Er war bis in die letzte Faser seines Wesens Preuße geworden und wollte ausharren, komme was wolle. Und so übersiedelte er noch in den späten Monaten des Krieges von Buckow nach Kerzendorf, nur um wieder Herr in einem eigenen Haus zu sein. Bis in die letzten Tage des April 1945 haben ihn Berliner Freunde dort besucht. Während der Flammenschein brennender Berliner Häuserblocks sein fahles Licht gegen die Louis-seize-Boiserie der mit französischen Büchern in grünem und rotem Saffianleder gefüllten Kerzendorfer Bibliothek warf und die Ostfront mit den dumpfen Schlägen der Stalinorgeln ihre immer größere Nähe ankündigte, machte er Konversation über das Schicksal einer goldenen Tabatiere, die sich nach langer Irrfahrt wieder eingefunden hatte. Oder er verbreitete sich über die Frage, wie er einem ländlichen Anstreicher aus dem benachbarten Löwenbruch die Unterschiede zwischen Schönbrunner und Eierschalengelb beibringen könne, das für die Wand eines Fremdenzimmers in Kerzendorf vorgesehen war. Erst wenn er seine Frau zu Bett geschickt hatte, bat er einen vertrauten Gast an seine Seite, um sich über das auszusprechen, was sein Herz bis zum Zerbrechen bewegte – den Untergang des Vaterlandes.

Im russischen Lager Oranienburg hat Teddy Auer, später deutscher Botschafter in Colombo, mit angesehen, wie der große Lebenskünstler Horstmann sich zum Sterben anschickte. Nachdem auch sein Pelz gegen Brot getauscht worden war, verließen den zum Skelett abgemagerten, einst so massigen Mann die Kräfte des Widerstandes gegen eine Welt, in der Kultur und Sitte, Anmut und Lebensfreude zu ersticken drohten. Kein Stein bezeichnet die Stelle, wo des Gesandten Horstmann Gebeine ruhen. Aber die Erinnerung an ihn lebt bei allen, denen er den Blick geweitet hat für Daseinsformen, die dem Schönen huldigen.

Grande Dame zwischen den Zeiten

LILY VON SCHNITZLER
1889–1981

Es gibt Frauen, in denen nachhaltiger als in Männern ein Zeitalter Profil gewinnt. Madame de Staël überlebte den Ruhm des ersten Napoleon. Die Fürstin Pauline Metternich, Gemahlin des österreichischen Botschafters am Hof von St. Cloud, war die gefeiertste Frau des zweiten Kaiserreichs. Die Amerikanerin Lady Nancy Astor, Mittelpunkt des »Cliveden Set«, dominierte die politische Gesellschaft im London vor dem Zweiten Weltkrieg, Jacqueline Bouvier, die Gemahlin des Präsidenten, gab dem Amerika John F. Kennedys seinen Glanz. Der Republik von Weimar lieh Lily von Schnitzler eine ihrer farbigsten Gestalten.

Sie war eine Erscheinung, die niemand übersehen konnte. Von ihrem ewig jungen Puppengesicht ging eine Ausstrahlung aus, der sich geistige Menschen so wenig zu entziehen vermochten wie solche, die in der Frau nur das Weibliche suchen. Sie war in einem: blitzgescheit und naiv, beherrscht und leidenschaftlich, zum Kalkül neigend und Emotionen nachgehend, bedürfnislos und anspruchsvoll, egoistisch und opferbereit, aufregend in ihrem Widerspruch und doch ein Gefäß, in dem sich Gegensätzlichkeiten auflösten und zu einer Harmonie verschmolzen, die beglückte.

Die Liebenswürdigkeit in Person, konnte sie auch abweisend und arrogant sein. Eitelkeit war ihr nicht fremd, was sich in ihrem Aufputz ausdrückte, der gelegentlich übertrieben wirkte.

1889 in Köln als Tochter des Antwerpener Handelsherrn Wilhelm von Mallinckrodt und einer Belgierin geboren, 1910 mit dem späteren Vorstandsmitglied der IG-Farben, Georg von Schnitzler, vermählt, kamen Lily die Voraussetzungen zugute, die einer großen Dame den Auftritt erleichtern. Aus alter Familie, hatte sie im gleichen Milieu den Gatten gefunden, der über ein hohes Einkommen und wirtschaftliche Macht gebot. Von Geburt an umgab sie das Prestige der führenden Gesellschaftsschicht. Ihre geistige Unabhängigkeit, ihre Freiheit von Vorurteilen, ihre Aufgeschlossenheit gegenüber neuen Ideen und neuen Menschen hatten hier ihre Wurzeln. In der Weimarer Republik, in der die durch den Umsturz depossedierten Kreise sich mit den Parvenus um eine neue Rangordnung stritten, gehörte die von solchen Auseinandersetzungen unberührte Lily zu den Menschen, die den Ton angaben. Als Gemahlin des Außenministers des größten kontinentalen Chemiekonzerns hatte sie halb Europa in ihren Frankfurter und Berliner Häusern zu Gast, entdeckte und förderte Künstler, gewann einen Ruf als Sammlerin und Sachverständige moderner Malerei und nahm Verpflichtungen ernst, die den »rich and beautiful people« unserer Tage unbekannt geworden sind.

Daß der Salon dieser außerordentlichen Frau viele hochrangige Persönlichkeiten anzog, war natürlich und entsprach dem in der Weimarer Zeit stark hervortretenden Bedürfnis nach Orten, an denen sich Geld, Gesellschaft und Politik, Kunst und Wissenschaft begegnen konnten, literarische Interessen gepflegt und junge Talente gefördert wurden. Lily scharte viele berühmte Männer und Frauen um sich. Der Völkerkundler Leo Frobenius, der Sinologe

Richard Wilhelm, der Psychologe Carl Jung, der Philosoph Graf Hermann Keyserling, der Staatsrechtler Carl Schmitt, die Schriftstellerin Annette Kolb, die Schauspieler Heinrich George und Käthe Dorsch verkehrten bei ihr. Von der »Frankfurter Zeitung« sah sie Benno Reifenberg und Friedrich Sieburg, von der Zeitschrift »Die Dame« Barbara von Tresckow und ihre Freundin, die Textilgestalterin Maria Mai. Der Frankfurter Kunstdrucker Kurt Lohse gehörte zu ihren Verehrern wie der Maler Max Beckmann, von dem sie eine stattliche Anzahl Bilder erwarb. Sie trug dazu bei, Beckmanns Emigration zu finanzieren und gründete nach dem Kriege eine Max-Beckmann-Gesellschaft. Mit dem Sohn des Künstlers, der sich in der Nähe von Murnau als Arzt niedergelassen hatte, stand sie bis zu ihrem Tode in Verbindung. Als sie zehn ihrer schönsten Beckmann-Bilder dem Kölner Wallraf-Richartz-Museum übereignete, nahm sie Abschied von einem Besitz, den sie der Nachwelt geschlossen erhalten wollte. Auch von Ernst Wilhelm Nay, von Max Liebermann und Oskar Kokoschka besaß sie Arbeiten.

Flüchtige Bekanntschaften bedeuteten Lily wenig. Sie suchte den Menschen im Menschen. Treue und Loyalität bedeuteten ihr viel. Ob jemand politisch verfemt war oder sich allgemeine Mißbilligung zugezogen hatte, ließ sie gleichgültig. Sie verteidigte ihre Freunde auch dann, wenn sie ihnen nicht Recht geben konnte.

Lilys Urgroßmutter war die berühmte Frau von Deichmann, ein Kölner Original, das in der zweiten Hälfte des 19. Jahrhunderts viel von sich reden machte. Als Wilhelm I. nach Köln kam, anläßlich der Einweihung des Doms, dessen Vollendung seinem romantischen Bruder, dem König Friedrich Wilhelm IV. von Preußen, zu danken war, fand im Gürzenich ein feierlicher Empfang statt. Die

Notabeln, an der Spitze der Adel, hatten sich in Reih und Glied aufgebaut, um dem Kaiser vorgestellt zu werden. Nachdem der Monarch die Front der Edelleute abgeschritten hatte, flüsterte ihm der Protokollchef zu, daß nun die Bürgerlichen drankämen. Während der alte Herr sich zur Begrüßung anschickte, rief eine der ihm am nächsten stehenden Damen: »Wo der rheinische Adel endet, Majestät, beginnen das Geld und die Intelligenz.« Es war die Gattin des Bankiers Deichmann, die diese Rede wagte. Lilys Schlagfertigkeit war ein Legat dieser resoluten Frau.

Von der Urgroßmutter hatte sie auch den starken Familiensinn geerbt. Lily war Mutter von zwei Töchtern. Ihr heißer Wunsch nach einem Sohn blieb unerfüllt, eine Ausnahme von der Regel, nach der sich starke weibliche Persönlichkeiten in Söhnen fortsetzen. Den Lebensweg ihrer Kinder begleitete Lily mit nicht ermüdendem Verständnis. Ebenso nahe standen ihr Enkel, Neffen und Nichten. Gegen Verwandtschaft aus der eigenen Generation nicht unkritisch, schätzte sie die Gesellschaft junger Leute und freute sich, wenn sie Karriere oder eine gute Heirat machten. Zumal liebte sie Hochzeiten, die sie »viel dramatischer« empfand als Beerdigungen. Nur eins gestattete Lily weder ihrer Sippe noch ihren Freunden – ihr zum Geburtstag zu gratulieren. Sie umgab ihr Alter mit einem Schleier des Geheimnisses. Als sie neunzig wurde, willigte sie widerstrebend in den Wunsch ihrer Familie nach einer Feier ein, die im Haus ihrer jüngeren Tochter abgehalten wurde. Aber sie bestand darauf, daß sie nun hundert Jahre alt geworden sei. Einer Zentenarfeier wolle sie Originalität nicht absprechen, neunzig zu sein erschien ihr degoutant.

Aus ihrer politischen Einstellung machte Lily zu keiner Zeit eine Mördergrube. 1933 so wenig wie 1939 und 1945. Sie hatte Hitler auf einem Zehn-Personen-Diner im Berliner Palais der Frau von Dirksen kennengelernt. Die Hausfrau, eine geborene von Laffert, war die verwitwete Stiefmutter des Botschafters von Dirksen, eines Vetters von Georg Schnitzler.

Sehr vermögend, machte sie in Berlin einen politischen Salon, in dem sie Vertreter des Ancien Régime mit Nationalsozialisten zusammenbrachte. Sie bedrängte Hitler, dem deutschen Volk »die Monarchie wiederzuschenken«, und inszenierte einen Überraschungscoup, bei dem sie Hitler mit der »Kaiserin« Hermine konfrontierte, die sich in einem Erker verborgen gehalten hatte. Hitler quittierte diese Annäherungsversuche mit hintergründigem Lächeln. Er war viel zu schlau, um nicht die Nützlichkeit der durch Frau von Dirksen für seine Sache ausgeübten Werbung zu erkennen. Nach dem Essen unterwies er Lily in deutscher Geschichte. Als sie eine Zwischenfrage stellte, wandte sich Hitler an seinen Adjutanten Wiedemann: »Warum nennt mich diese Dame immer Herr Reichskanzler?« Bevor Widemann sich äußern konnte, antwortete Lily: »Ich habe nur zwei Führer: Christus und Goethe!« Hitler zeigte sich über den Freimut von »Schnilly«, wie Lily von Schnitzler ihrer Quickness wegen gelegentlich genannt wurde, nicht erstaunt und setzte seinen Monolog fort.

Sie attestierte dem Diktator schöne Hände, gut gemachte Schuhe und Gewandtheit im Umgang mit der Weiblichkeit. Sie hörte, wie er seine Gastgeberin, Frau von Dirksen, »meine Kupferkönigin« nannte, um ihr für ein Stück Erz zu danken, das sie ihm überreicht hatte.

Auf einem Botschaftsball tauchte Hitler plötzlich in dem Spiegel auf, vor dem Lily ihr Make-up überprüfte. Er verbeugte sich und bemerkte artig, daß es nichts Schöneres gäbe als eine Frau, die sich im Spiegel betrachte.

Lily hatte die Wende in Deutschland begrüßt. Nach 1933

hielt ihre Euphorie nicht länger an als bei anderen intelligenten Menschen. Sie war viel zu wach, um nicht die Katastrophe zu ahnen, die sich über Deutschland und Europa zusammenzog. 1943 schrieb sie: »Ich spüre ein Ende jenseits aller ratio. Aber ich glaube ebenso an den letzten Sinn dieser grauenhaften Naturereignisse.« Im März 1945, kurz vor dem Untergang, notierte sie: »Nicht retrospektiv, sondern brennend in Gegenwart und Zukunft« leben zu wollen.

Lily war ein Geschöpf des Jugendstils, jener kurzlebigen Kunstepoche, die 1889, im Jahr ihrer Geburt, einsetzte und 1910, im Jahre ihrer Verehelichung, auslief. Der Jugendstil bestimmte das Exzentrische in ihrem Wesen und die extrovertierten Allüren, denen sie bis in ihr hohes Alter verhaftet blieb. Sie liebte die toten Steinfarben dieser Epoche, die mit den matten Tönen ihrer chinesischen Porzellane harmonierten und die Farbenpracht ihrer Gemälde erhöhten. Sie liehen der klösterlichen Strenge ihrer schweren dunklen Möbel die Folie und korrespondierten mit den gedämpften braunen, gelben und olivfarbenen Schattierungen im Murnauer Moor, auf das sie von ihrem Schreibtisch blickte.

In ihrem Haus im Frankfurter Westend gab es einen Kontrapunkt zu dem zurückhaltenden Interieur ihrer Wohnräume. Ein Schrankzimmer war mit erleuchteten Vitrinen möbliert, in denen Lily ihre Kollektion modischer Hüte aufbewahrte. Wie die Trophäen, die ein Jäger zu Hause aufhängt, erinnerten sie Lily an ihre Rolle in den goldenen Jahren zwischen den Kriegen. Als Bomben diese Pracht zerschlugen und sie in eine Dachwohnung in der Windmühlstraße übersiedelte, beklagte sie nicht den Verlust vieler ihrer Kunstschätze, aber sie empfand es als schmerzlich, daß die neuen Strohhüte, die sie aus Wien hatte kommen lassen, dem Frankfurter Ruinenfeld, das sie nicht zu verlassen gedachte, übel zu Gesicht standen und nicht getragen werden konnten.

In der Berliner Graf-Spee-Straße empfingen die Schnitzlers bis tief in den Krieg. Ein Teil ihrer modernen Bilder war hier untergebracht. Die Legende hat wissen wollen, daß ein Triptychon von Beckmann hinter einem Vorhang verschwand, wenn sich politisch unzuverlässige Gäste im Salon der Frau von Schnitzler einfanden. Lily brachte etwas fertig, um das ich sie immer beneidet habe. Sie lebte mit Museumsstücken wie andere Leute mit Haustieren. Zumal von den Beckmanns ging eine Heftigkeit aus, die zu der Stille ihres Alterssitzes in merkwürdigem Kontrast stand. Aber Lily hatte sich schon als Schulkind mit Kunst befaßt und früh daran gewöhnt, mit Meisterwerken zu koexistieren.

Lilys Leben ließ sich mit einem Bühnenstück vergleichen, in dem alle Register gezogen werden. Es umfaßte Komödie, Drama und Tragödie. Es war reich an Gratwanderungen und Stürzen in den Schatten tiefer Täler. 1941 sollte den Schnitzlers noch einmal das Glück leuchten, als sich ihre zweite Tochter Gabriele mit dem Grafen Franz Seefried, dem Sproß eines bayerischen Edelmannes und einer Wittelsbacher Prinzessin, vermählte. Lily richtete in Frankfurt die letzte große Hochzeit aus, die während des Krieges in Deutschland stattfand. Für die Trauung wählte sie eine dunkelgrüne Sammetrobe, die dem Reitkleid der Kaiserin Elisabeth von Österreich bei den Jagden in Gödöllo nachempfunden schien. Sie beherrschte in diesem Aufzug die Szene vor dem Altar, dem Brautpaar die Rolle von Statisten zuweisend. Der Einladung zum Hochzeitsmahl folgten viele deutsche Duodezfürsten, eine illustre Versammlung, die zum Entsetzen von Lily während der endlosen Tischrede des Prinzen Konrad von Bayern nicht einen Augenblick den Mund hielt. Das Ereignis feierte den Einzug von Lilys Tochter in die höhere Aristokratie, der das Herz der Mutter so zugetan war wie ihr Intellekt der geistigen Welt.

Wenn es um Royalty ging, konnte Lily schwach werden. Während eines Wochenendes auf dem Hahnhof, dem Baden-Badener Anwesen der Industriellengattin Ulla Haniel, wollte sie vor dem Diner ein verborgenes Örtchen aufsuchen, das sie verschlossen fand.

Als sich die Tür öffnete, entließ sie den König Alfons XIII. von Spanien, den Ehrengast des Abends. Der Souveränen zustehenden Reverenz folgend, beugte Lily das Knie. Ihr auf die Beine helfend, meinte der König lachend: »Aber Madame, ich bin doch nicht der Heilige Geist!« Keinen Augenblick verlegen, bekannte Lily: »Und ich, Sire, bin nicht die Heilige Jungfrau!« Die Anekdote zeugte für Lilys Unverdrossenheit im Umgang mit höchsten Herrschaften, für das ihr eigene Gemisch von Ehrerbietung und Nonchalance. Dem spanischen Monarchen war sie anläßlich der Weltausstellung in Barcelona vorgestellt worden, hatte mit ihm soupiert und eine Einladung zum Besuch des Schlosses in Aranjuez, dem Sommersitz der königlichen Familie, angenommen. Zu ihren Freunden gehörte die Fürstin Margarete von Hohenzollern-Sigmaringen, eine Tochter jener sächsischen Kronprinzessin, die mit dem Klavierlehrer Toselli durchgebrannt war. Preußische Prinzen taten es ihr weniger an. Zu Bismarck hatte sie, die in ihrer Jugend der Sozialistin und Weltbeglückerin Lili Braun nachzuleben hoffte, kein Verhältnis. »Ich habe Bismarck nie etwas zu danken gehabt, woher auch?« Sie sprach gern vom »Irrweg der kleindeutschen Lösung nach 1871« und wollte nicht wahrhaben, daß Bismarcks Genialität gerade darin bestanden hatte, Deutschland nicht größer zu machen als seine Nachbarn ertragen konnten.

Als engagierte Rheinländerin sah sie in Frankfurt »die wahre Heimat unter den deutschen Städten«. Erst nach Jahren gab sie zu, daß Bismarck doch ein großer Mann gewesen sei. Ob sie es wirklich meinte oder nur mir zuliebe schrieb, habe ich nicht herausbekommen.

Drei Männer spielten in Lilys Leben eine überragende Rolle. Gustav von Mallinckrodt, dem sie unter ihren Brüdern eine Ausnahmestellung einräumte. Er war etwas jünger als Lily und starb ein Jahr nach ihr. Ein nobel wirkender Kavalier, Frauenkenner und Frauenliebling, mit einer russischen Sängerin verheiratet, ein internationaler Finanzmann, der in Paris, London und New York so zu Hause war wie in Frankfurt. Ein Mann, der sich nach seinen eigenen Worten gut verkaufte, den Freuden des Lebens zuneigte, Polo gespielt hatte und als brillanter Causeur galt. Lily adorierte ihn und bangte um sein Leben, als Gustavs elastische Natur der Abnutzung durch das Alter nicht mehr entrinnen konnte.

Gelegentlich meinte Lily, saß sie für die Ehe nicht geeignet sei, weil sie den Umgang mit dem anderen Geschlecht keinen institutionellen Zwängen unterwerfen mochte. Gleichwohl führte sie 52 Jahre lang eine glückliche Ehe, feierte Goldene Hochzeit und tat für ihren Mann alles. Georg von Schnitzler, aus einer Familie, die sich dem Kölner Patriziat zurechnete, besaß Fähigkeiten, die ihn für eine große Stellung in einem modernen Industriestaat prädestinierten.

Gut erzogen, allgemein gebildet, von bestechender Liebenswürdigkeit und einem sehr einnehmenden, gepflegten Äußeren, gehörte er zu den wenigen eleganten Erscheinungen in den oberen Rängen der deutschen Wirtschaft.

Er repräsentierte die Weimarer Republik auf der Weltausstellung von 1929 in Barcelona und stand überall Pate, wo sich der weltweit ausgerichtete IG-Farben-Konzern um ausländische Kontakte bemühte. 26 Jahre jung, hatte er die 21jährige Lily zum Altar geführt. Daß die Ehe ein Erfolg wurde, war seinem psychologischen Geschick ebenso zu danken wie der Einsicht Lilys in die Qualität einer Bindung, die ihrem Dasein Stetigkeit verlieh. Georg führte seine Frau am langen Zügel. Er war großzügig in jeder Beziehung, generös in Geldsachen und im Ertragen von Lilys Capricen. Als er 1948 im Prozeß der Alliierten gegen die IG-Farben auf die Nürnberger Anklagebank kam und nach seiner Verurteilung für angebliche »Kriegsverbrechen« in Landsberg interniert wurde, wurde ihm bewußt, daß er keine bessere Frau hätte heiraten können als die Antwerpener Kaufmannstochter, die sich im Verkehr mit der Justiz der Siegermächte so unerschrocken zeigte wie im Umgang mit der großen Welt.

Nicht von ungefähr wurde in den Hallen des Nürnberger Tribunals der Seufzer eines der amerikanischen Ankläger laut. Nach einem der Besuche Lilys, die sich ohne Rücksicht auf Wachen, Absperrung, Vorzimmer ihren Weg zu den höchsten Instanzen des Gerichts bahnte, sprach er von dem Glück des Tribunals, nicht die Frau Schnitzlers strafverfolgen zu müssen, denn in diesem Fall hätten die Vereinigten Staaten kaum Aussicht gehabt, den Prozeß gegen die IG-Farben zu gewinnen!

In den furchtbaren ersten Nachkriegsjahren zeigte Lily ihre ganze Stärke. Ausgebombt, in einer Notwohnung einquartiert, ihres Personals beraubt, das Vermögen beschlagnahmt, den Mann im Gefängnis, mußte Lily zum erstenmal für ihren Lebensunterhalt selbst aufkommen. Obendrein hatte sie sich um die Erziehung der Söhne ihrer älteren Tochter zu kümmern, deren Ehe mit einem Diplomaten sich aufgelöst hatte. Kurz entschlossen übernahm sie die Vertretung einer Firma, die Kunststoffe herstellte. Ihre Freizeit widmete sie der Verteidigung ihres Mannes. Der Labilität Georgs setzte Lily eine erstaunliche Robustheit entgegen. Sie mobilisierte Tod und Teufel, um Georg zu entlasten. Die gleiche Energie verwandte sie auf die Tröstung der Angehörigen von Mitangeklagten, die im Unterschied zu ihr den Kopf verloren hatten. Ich sehe Lily noch vor mir, wenn sie im Nürnberger Bunkerhotel morgens um 7 Uhr zum Frühstück erschien, das sie durch mitgebrachte Konfitüre aufbesserte. Wenn wir unseren mit Lilys Nescafé geschönten Muckefuck geschlürft hatten, ein Getränk, das der verwöhnten Frau bis 1945 unbekannt geblieben war, rauschte sie – zurechtgemacht wie für eine Cocktailparty – ab ins Gericht, um den Amerikanern einmal mehr die Leviten zu lesen.

Was Lily damals durchmachte, hätte viele Menschen umgeworfen. Von dem Willen beseelt, nicht unterzugehen, ertrug sie alles mit einem Humor, der zu den schönsten Seiten ihres Charakters zählte.

Als polnische Marodeure den Rest ihrer aus den Trümmern des Frankfurter Westend geretteten Habe plünderten und ihre goldene Toilettengarnitur mitgehen ließen, vermerkte sie, ihren Anteil an den Reparationen für Polen bereits geleistet zu haben und schrieb: »Eleganz im alten Sinne verbietet sich aus vielen Gründen. So kann man in Anpassung an den Sturz der Gesellschaftsordnung nur einen völligen Neuanfang machen.« Ihr Vorhaben, »auf der Welle zu reiten«, erlahmte keinen Augenblick. Die Proletarisierung in ihrem persönlichen Bereich, die Reduzierung ihrer Existenz auf drei Zimmer mit Wohnküche bedrückte sie gleichwohl. »Eine heroische Lebenshaltung ist eine

Kleinigkeit gegen das tägliche Teppichkehren.« Im zerstörten Frankfurt machte dieses Bonmot von Lily schnell die Runde.

Als der Gatte nach langer Haft aus Landsberg entlassen wurde, empfing Lily einen resignierten, wenn nicht gebrochenen Mann. Sie zögerte keinen Augenblick, ihn durch eine Eisenbartkur dem Leben zurückzugeben. Mitten im Winter reiste sie mit Georg auf die Nordseeinsel Sylt und trieb ihn auf langen Spaziergängen, bei denen sich das Ehepaar unbekleidet Wind und Wetter aussetzte, durch die Dünen. Nach einigen Wochen hatte Georg die Folgen der Haft überwunden.

Nach dem Krieg erwarb Lily in Murnau ein Holzhaus. Es galt als verfemt, weil der Vorbesitzer, ein Maler, mit Frau und Kindern nach dem Genuß von Pilzen in seinen Wänden den Tod gefunden hatte. Lily verwandelte diese makabre Behausung in einen Bungalow, in dem sie, von einem Diener-Ehepaar betreut, den Sommer zubrachte. Im Garten von »Lilamor«, wie Lily diesen Besitz nannte, errichtete sie eine Gedenkkapelle, an deren Wänden die Namen von Verwandten, Freunden und Dienstboten, denen sie zugetan blieb, in den Stein gehauen waren. Ich hatte gerade das sechzigste Lebensjahr überschritten, als mich die damals achtzigjährige Lily zu diesem Schrein führte. Wir verweilten in Andacht vor der langen Liste der Menschen, die ihr teuer gewesen waren. Beim Weggehen legte Lily ihre Hand auf meinen Arm und sagte mit einem Hauch von Trauer: »Eines Tages, lieber Hans Georg, werde ich Ihren Namen dieser Reihe hinzufügen.« Es kam ihr nicht einen Augenblick in den Sinn, daß jemand so viel jüngerer sie überleben könnte!

Unter dem Eindruck von Prozeß und Haft trat Schnitzler 1950 zum katholischen Glauben über. Er folgte seiner

Frau, die schon im Juli 1945 konvertiert hatte. Lilys Einbildungskraft entsprach die reiche katholische Liturgie stärker als die Kälte protestantischer Betsäle. Auch fand sie im katholischen Klerus Gesprächspartner, mit denen sie über letzte Dinge meditieren konnte. Konvention und Toleranz der katholischen Kirche, ihr Sinn für Rangabstufung bestärkten sie in der Annahme, daß Gottes Auge auf Lily von Schnitzler ruhe. Sie war keine demütige, aber eine glaubensfrohe Christin, die ein Gotteshaus mit dem gleichen Gewinn aufsuchte wie einen Konzertsaal oder eine Kunstausstellung.

Als Georg ihr 1962 genommen wurde, beweinte sie einen Gefährten, der im Alter zu dem Mann geworden war, den sie immer gesucht hatte. Sie wollte sich vierzig Tage von der Welt abschließen, »um dem Toten nahe zu sein, solange er noch auf Erden weilt«. Sie beschloß, ihr »Leid zu ordnen«, um es ganz zu durchleben. Abschiede verletzten sie: »Mein Herz ist viel zu jung für meine Jahre und schreit oft laut. Nichts von der Milde des Schmerzes, die ich erhofft hatte.«

Zu den Menschen, die Lily faszinierten, gehörte der österreichische Publizist Karl Anton Rohan, den sie beim Aufbau der deutschen Sektion des »Europäischen Kulturbundes« kennengelernt hatte. Er sollte eine große Rolle in ihrem Leben spielen. Lily, die kein homo politicus war, hing an Rohans Lippen und sah die politische Welt durch seine Augen. Sie warb für seine Veröffentlichungen und nahm die Gelegenheit wahr, Hitler auf Rohan aufmerksam zu machen. Zu ihrem Entzücken hatte er eines seiner Bücher gelesen, freilich nur, um es als zu kirchlich gebunden abzutun. Lily nahm am Aufstieg und Abstieg Rohans teil, sie durchlitt mit ihm alles Unglück, das der Weimarer Epoche folgte. Seine Büste stand neben ihrem Schreibtisch. Als er verwitwete, nahm sie ihn wochenlang auf und versuchte, ihm das Publikum zu ersetzen, das den eigenwilligen Mann verlassen hatte. Die Veröffentlichung seines literarischen Nachlasses gelang ihr freilich nicht. Auf der Beisetzung des Prinzen in Morzg bei Salzburg beherrschte Lilys Nerz eine Trauergemeinde in Loden und zog die Kondolenzen auf sich.

Lilys Selbstbewußtsein war unerschütterlich. Anders als die meisten Deutschen verachtete sie Selbstmitleid und trug ihren Kopf am höchsten, wenn es ihr am schlechtesten ging. Als 1949 für die Bundesrepublik Deutschland in der Frankfurter Paulskirche eine Feierstunde abgehalten wurde, nahm die Frau des inhaftierten »Kriegsverbrechers« Georg von Schnitzler im Kirchenschiff den gewohnten Platz in der ersten Reihe ein – neben dem Bürgermeister und anderen Honoratioren.

In Paris traf sie in dieser Zeit den auf dem Gipfel seines Ruhmes stehenden Historiker Carl Burkhardt, ehemaliger Hochkommissar des Völkerbundes in Danzig und derzeit schweizerischer Botschafter bei der Französischen Republik. Der große Mann eilte mit einer Geste des Mitgefühls auf die Strohwitwe des verfemten deutschen Industriellen zu, nur um mit einer abwehrenden Bewegung von Lily die Frage zu vernehmen: »Nun erzählen Sie einmal, Carl, was aus *Ihnen* geworden ist!«

Lily konnte hinreißende Briefe schreiben. Ihre in flotten Zügen dahinfließende Schrift verriet einen klaren, Temperament und Gefühle kontrollierenden Verstand. Lily war ein Haltungsmensch, der sich niemals gehen ließ. Zwar war sie sentimental und konnte Tränen vergießen, aber sie gab sich nicht preis. In dem süddeutschen Klima, in das sie sich eingewöhnt hatte, wirkte sie wie eine nördliche Himmelserscheinung. In ihrer handgeschriebenen Korrespondenz zwang sie den Adressaten zu äußerster Konzentration, ließ kein Thema aus, beobachtete scharf, entschuldigte vieles, aber nicht alles, und konnte den Empfänger mit Komplimenten bedenken, die ihm auch dann noch schmeichelten, wenn er sie nicht ganz ernst nahm. Aber sie konnte auch schneidend sein. Als die Witwe eines Freundes ihre Meinung zu einer geplanten Übersiedlung nach München erbat, riet sie ihr, von dem Vorhaben abzusehen. »In München setzen sich nur Leute durch, die zweimal in der Woche ein großes Abendessen geben oder die geistige Interessen haben. Für das eine sind Sie zu geizig und das andere haben Sie nicht!« lautete ihr lakonischer Bescheid.

Lilys Leben stand »unter reisenden Sternen«. Sie war gern unterwegs. Als aus ihrer neu bezogenen Wohnung in der Frankfurter Stresemannstraße Aquarelle, Zeichnungen und Radierungen verschwanden und im Londoner Kunsthandel auftauchten, folgte sie dem Ruf von Scotland Yard und setzte sich in England, ungeachtet ihres Alters, Vernehmungen aus, die sie sichtlich amüsierten.

Nostalgie nach dem Gestern bewegte Lily nur ausnahmsweise. Einmal klagte sie: »Es ist erschreckend, wie Tempo und Dynamik die Umwelt zerstören, weil der Mensch in der Schöpfung nicht ausgerüstet war für diesen Verschleiß. Die Technik ist kein Fortschritt, sie macht uns nicht glücklicher, fröhlicher, harmonischer. Wo ist der Arbeiter, der morgens noch singend, pfeifend in die Fabrik geht, wie es in meiner Jugend war.«

Im März 1979 – zwei Jahre vor ihrem Tod – quälte die Neunzigjährige die Frage, ob sie »das Ziel der Klasse« erreicht habe. Eine außergewöhnliche Frau verließ mit Lily von Schnitzler eine Epoche, deren Talmiglanz sie nicht hatte blenden können, deren Schrecken sie nicht erlag und aus deren Trümmern sie tiefe Menschlichkeit rettete.

FRIEDRICH SIEBURG
1893–1964

Friedrich Sieburg zerbrach an zweierlei: an Frankreich, das er wie eine Frau liebte, und an einer Frau, die ihn wie Frankreich verstieß.

Es erging ihm wie vielen, die in der Liebe auch ihrer Selbstsucht folgen und sich damit der Eitelkeit ausliefern, die unter all den zahlreichen menschlichen Blößen sicherlich die am leichtesten verletzbare ist.

Der lebensfrohe Mann hatte Frankreich nach dem Ersten Weltkrieg für die Deutschen wiederentdeckt. Seinem berühmten Buch »Gott in Frankreich«, das unter dem Titel »Dieu est il Français?« jenseits des Rheins Auflagen erreichte, die denen in Deutschland nicht nachstanden, waren andere gefolgt, die alle Frankreich zum Gegenstand hatten. Er schrieb über die Vendée, über das Geld der bourbonischen Könige und über die indianischen Franzosen in der Neuen Welt. Er widmete Robespierre und Chateaubriand glänzende Biographien. Er feierte Napoleon als »den intelligentesten Menschen der Geschichte«. Er arbeitete an einem bureau plat, das aus einer Anwaltskanzlei des Directoire kommen mochte. Er meditierte in einer Louis Seize Bergère von seltener Qualität. Er schlief in einem Empirebett, das einer Schwester des großen Kaisers wohl angestanden hätte. Er sammelte französische Impressionisten und besaß einen Wandschirm mit einer Attika-Tapete von Zuber.

1926–1939 berichtete Sieburg für die »Frankfurter Zeitung« aus Paris über Politik und Gesellschaft. Wenn er ein Wortgefecht in der Assemblée Nationale, den Einzug der Rothschilds in einen Konzertsaal oder die Trauung einer der Töchter des Grafen von Paris schilderte, schlugen die Herzen seiner Leser höher. Sie erlebten eine Welt, in der die Deutschen sich schon aus sprachlichen Gründen schwer taten, dargestellt von einem Landsmann, der das feinste Französisch virtuos beherrschte.

Zwischen den Kriegen war Friedrich Sieburg der berühmteste deutsche Journalist. Er war ein Liebling der Pariser Gesellschaft, eine Zierde ihrer literarischen Salons und Tafelrunden, der begehrte Galan vieler und hoher Damen. Er war ein Mann, der wie ein Showmaster sein Leben im Rampenlicht verbrachte und sich nicht vorzustellen vermochte, daß Zeiten nahten, die ihm keine Rolle zuteilten, in denen Menschen herrschen würden, die von ihm keine Notiz nahmen. Der im August 1939 einsetzende Krieg zwischen dem Deutschland Hitlers und dem Frankreich Daladiers führte diese Situation herbei, einen Zustand, auf den Sieburg sich nicht vorbereitet hatte und mit dem er nichts anzufangen wußte.

In diesem Herbst seiner großen Ratlosigkeit lernte ich ihn kennen. Unsichtbare Beziehungen hatten sich geknüpft, lange bevor ich ihn treffen sollte. Friedrich Sieburg diente während des Ersten Weltkrieges in der gleichen Fliegerstaffel wie der jüngere Bruder meiner Mutter. Beide hatten einen gemeinsamen Ausbilder, den Grafen Egon Beroldingen, der uns manchmal besuchte und von dem Literaten schwärmte, der sein Rekrut gewesen war. Jetzt schlossen wir Freundschaft. Sieburg hatte sich mit Colin

Ross, Carlos Graf Pückler, Giselher Wirsing und mir für die Informationsabteilung des Auswärtigen Amtes kriegsdienstverpflichten lassen.

Bald trennte uns der Krieg. Pückler meldete sich zur Panzerwaffe und fiel in Polen, Sieburg ging zurück nach Paris. Die Begegnung mit Pückler sollte ihm zum Verhängnis werden. Der schlesische Reichsgraf stammte aus Branitz bei Cottbus, das einst dem Fürsten Hermann Pückler-Muskau als Alterssitz gedient hatte. Er schrieb für die »Deutsche Allgemeine Zeitung«, deren von Karl Silex protegiertes »enfant gâté« er war. Seine von Sieburg geheiratete Witwe kannte ich noch unter ihrem Geburtsnamen Dorothee v. Bülow. Sie war eine Großnichte des Reichskanzlers Fürst Bernhard Bülow und kam aus Württemberg, wo ihr Großvater Putlitz als Intendant der Hoftheater gewirkt hatte. Nach dem Soldatentod ihrer beiden Brüder war sie Anwärterin auf zwei Güter, Dätzingen mit einem schön eingerichteten klassizistischen Schloß und Rübgarten, einen kleinen schwäbischen Herrensitz.

Ich traf sie zum erstenmal auf einem Bootssteg am Müggelsee, wo ich für den »Tag« und Pückler für sein Blatt die Wasserung der »DO X«, eines mit zwölf Motoren ausgerüsteten Monsters aus der Frühzeit der Flugboote, wahrnahm. Dorothee arbeitete damals als Krankenschwester. In ihrem blau-weiß gestreiften Dienstkleid und einer gestärkten weißen Haube, die ein süßes Mädchengesicht einrahmte, glich sie einem eben erwachsenen Kind, dem nicht anzusehen war, daß sie ausersehen sein würde, alle Frauen zu rächen, die um Sieburg Tränen vergossen hatten. Sie blies ihm fast das Lebenslicht aus.

Pückler und Sieburg hatten sich schnell angefreundet. Ihnen war vieles gemeinsam, wie die schriftstellerische Begabung, ein scharfes Beobachtungstalent, geistsprühende Erzählkunst. Beide besaßen einen funkelnden Witz und lebten ihre Gedankenfreiheit voll aus. Pücklers sozialer Rang und Sieburgs Reputation als Journalist taten ein übriges. Als Pückler ins Feld zog, war Sieburg zu einem ständigen Gast in seinem Haus im Berliner Hansa-Viertel geworden. Bald stellte sich heraus, daß seine Besuche mehr noch als dem Freunde dessen Frau gegolten hatten. Zwischen beiden entzündete sich eine leidenschaftliche Neigung, die nach dem Verstreichen des Trauerjahres zur Ehe führte.

Damit hatte sich Sieburg auf ein folgenschweres Abenteuer eingelassen. Dorothee begleitete ihn nach Paris, wo er Ribbentrops Botschafter Otto Abetz als Rat zugeteilt worden war, mit dem Auftrag, unter französischen Intellektuellen für Hitlers Europa zu werben. Seine Tätigkeit krönte ein Vortrag, den er am 22. März 1941 vor der Gruppe »Collaboration« hielt. Er bekannte sich als »gestählter Nationalsozialist«, zu dem ihn Frankreich erzogen habe. Aber schon 1942 kehrte er nach Deutschland zurück, als »erste Ratte, die das sinkende Schiff betrat«. Als Politiker hatte er in Paris Schiffbruch erlitten. In der Stadt, die er als Erfolgsmensch gekannt hatte, wo ihn die Frauen verwöhnten und er sich als Autor unbeschadet von den kriegerischen Ereignissen in hohem Ansehen wähnte, war er gescheitert. Zerbrochen an einer Problematik, die er nicht zu beeinflussen vermochte, und an seiner Frau, deren Unberechenbarkeit er nicht gewachsen war.

Sieburgs erste Lebensgefährtin war eine Dänin gewesen, die er verlassen hatte. Sie bewahrte ihm die Treue und versorgte ihn in den schweren Nachkriegsmonaten mit Liebesgaben. Dorothee entsprach seinen gesteigerten gesellschaftlichen Ansprüchen. Eine der außerordentlichen Frauen ihrer Zeit, glich sie einer Figur aus dem Rokoko, wie sie von Fragonard und Boucher gemalt wurden. Sie selbst ließ sich von Derain porträtieren. Ein Kunstwerk, von Haarrissen durchzogen, die jahrelang verborgen blieben.

Von hoher Lebenskultur, allem Schönen zugewandt, literarisch bewandert, verstand sie sich ebenso auf das Zuhören wie auf geistvolle Konversation. Sie wußte den Männern auf raffinierte Weise zu schmeicheln und sich Bewunderer bis zur Hörigkeit zu unterwerfen. Ihrer nymphenhaften Erscheinung zu widerstehen, war nicht einfach. Wer sich in sie vernarrte, verlor sich. In der Liebe blieb sie flatterhaft. Wie ein Kolibri schwirrte sie von Kelch zu Kelch und stürzte mit der Anmut eines Unschuldsengels ihre Anbeter ins Unglück. Für die Ehe war sie nicht gemacht. Um so mehr lag ihr eine große gesellschaftliche Rolle, die sie in Berlin, in London und nach 1945 auf dem Lande ausübte. In Rübgarten entfaltete sie eine höfische Geselligkeit, bei der es so heiter zuging wie bei den Schäferspielen Watteaus. In dem kleinen Barockhaus, in dem sie sich auf dem Dorfe eingerichtet hatte, gingen bedeutende Männer ein und aus. Der Fürst von Hohenzollern und Carlo Schmid huldigten ihr dort. Friedrich Georg Jünger kam. Junge Schauspielerinnen wie Katharina Dobbs und ältere Mimen wie Ernst Walter Mitulski belebten die Szene. Das nahe Tübingen entsandte Gelehrte, die Umgebung Reutlingens Verleger und Fabrikanten. Pensionierte Offiziere und Hersteller von Malzkaffee saßen an ihrer Tafel, von der Brosamen für ihre Hunde und Katzen abfielen.

Aber Dorothee zeigte auch Krallen, die schon Pückler gefürchtet hatte. Von wetterwendischem Temperament, konnte sie rücksichtslos selbst gegen Freunde sein.

Zur Verschwendung neigend, gab sie Unsummen für Kleider und Ärzte aus, denen sie die Behandlung ihrer meist eingebildeten Krankheiten anvertraute. Sie hütete gern Leidenslager und klagte über das Klima, das ihr nicht behagte, sobald sie sich zu langweilen begann. Mit der Wahrheit ging sie generös um. Im Eifer, ihr Leben zu ruinieren, ließ sie sich von niemandem übertreffen. Nach vier Ehen, die sie mit hochwertigen Männern geschlossen hatte, ergab sie sich Drogen und endete nach dem Verbrauch ihres nicht unbeträchtlichen Vermögens im Armengrab auf einem Münchener Friedhof. Eine Lebensgeschichte, die Balzac hätte zur Vorlage dienen können. Ich habe in all den Jahren nur einen Mann gekannt, der mit ihr zu Rande kam. Er saß ihren Launen nicht auf und behandelte sie so lange schlecht, bis sie Vernunft annahm. Friedrich Sieburg war diese Kraft nicht gegeben. Im Umgang mit ihr offenbarte der routinierte Frauenkenner eine erstaunliche Hilflosigkeit. Es kam zu Auftritten, die, von Versöhnungen unterbrochen, die Ehe zerrütteten. Eines Tages setzte Dorothee ihn mit seinen kostbaren Möbeln, seinen napoleonischen Souvenirs, mit Bildern und Büchern in Rübgarten in den Regen.

Aus dieser Zeit bewahre ich Briefe Sieburgs, die von einer Zerbrochenheit zeugen, die nie wieder heilte. Es sind Briefe voller Trauer und Verzweiflung, Abschiedsbriefe. Sie geben die Stimmung wieder, die er in Büchern wie »Unsere schönsten Jahre« (1950), »Was nie verstummt« (1951), »Lauter letzte Tage« (1961) und in »Lust am Untergang« verarbeitete.

Es sind keine »übel gelaunten Essays«, wie ein Rezensent wissen wollte, sondern Zeugnisse der Sehnsucht nach einem Gestern, von dem er wußte, daß er Ähnliches nie wieder würde greifen können.

Mit dem Zusammenbruch seiner zweiten Ehe, der zeitlich mit der deutschen Katastrophe zusammenfiel, wurde

Friedrich Sieburg zum gezeichneten Dulder. Die Forschheit, die er mit der Übernahme des Literaturteils der »Frankfurter Allgemeinen Zeitung« an den Tag legte, die Aggressivität seiner unerbittlichen und mit blendenden Sarkasmen gespickten Rezensionen konnten darüber nicht täuschen. Sie verfeindeten ihn mit einem Großteil des schöngeistigen Establishments und waren doch Ausdruck seiner Verstimmung über ein Los, das ihn auf die Schattenseite des Daseins gerückt hatte.

Tiefer noch als unter dem zerronnenen Traum von Dorothee litt er unter dem Verlust Frankreichs, das ihn eisig abfertigte, als er eine Wiederannäherung versuchte. Auch die Franzosen hatten sich ja mit Hitler kompromittiert. Allein darum mußten sie Sieburg nach dem Kriege aus dem Wege gehen. Er war viel zu gescheit, um nicht einzusehen, daß er mit dem Engagement für Hitlers Europa einen Fehler begangen hatte. Nur zugeben wollte er ihn nicht. Vom »Widerstand« seiner deutschen Kritiker freilich brauchte er sich nicht beschämen zu lassen. Er war so schwierig zu orten wie in den achtziger Jahren russische U-Boote in den Gewässern von Karlskrona.

Über Sieburgs Verhältnis zum Dritten Reich hat Willy Haas Worte (vgl. »Die Welt« vom 18. Mai 1963) gefunden, die den Nagel auf den Kopf treffen: »Er gehörte einem Typus an, den es in Deutschland kaum gegeben hat, sehr oft jedoch in England und Frankreich; der Journalist oder Publizist oder Literat, der unter vielen Möglichkeiten zu wählen hatte und der die Literatur nicht unbedingt als die letzte Stufe einer Karriere ansah, der Premierminister werden oder einen neuen Erdteil entdecken, ein Volk befreien oder die politische Mentalität einer ganzen Nation ändern konnte – der aber auch ein bloßer Hasardeur bleiben kann.«

Gewiß war ihm Opportunismus nicht fremd. Während des Krieges redeten ihn die Freunde mit »Friedrich« an. Nach 1945 entsann er sich, auch nach der Mutter Gottes zu heißen. Aus »Friedrich« wurde nun »Fritzmarie«. Aber solche Schwächen zeigten auch andere bedeutende Männer, die das tausendjährige Reich überleben wollten! Vielleicht sollte man Sieburg mit André Malraux vergleichen, dem Schriftsteller, Kommunisten und Chinareisenden, der seinen Frieden mit de Gaulle machte, von ihm als Kultusminister berufen wurde und daran ging, die Baudenkmäler von Paris vom Schmutz des industriellen Zeitalters zu reinigen. Sieburg erinnerte an einen Patriarchen, der sich von jungen Leuten überreden läßt, an einer Bergwanderung teilzunehmen und der auf dem Gipfel statt an eine schöne Aussicht in einen Schneesturm gerät, der ihn zum vorzeitigen Abstieg zwingt.

Obschon er gern mit seinem Alter kokettierte, wollte Sieburg doch, wie so viele Intellektuelle, es mit der Jugend halten. Ihr zuliebe nahm er Barbarei in Kauf, die er verabscheute. Auch blieb der Lippendienst, den er der Diktatur eine Zeitlang leistete, vom Spott überdeckt. Als in Paris ein Kolonialbüro eingerichtet wurde, glossierte er diese von der Prinzessin von Kurland betreute Einrichtung mit der Bemerkung: »Die deutsche Kolonialpolitik besteht aus Helene Biron und einer Schere.«

Er, der Weitgereiste, kam aus kleinen Verhältnissen. Sein Geburtsort war Altena in Westfalen, das erst bekannt wurde, nachdem die dortige Drahtindustrie in Fritz Berg einen Vorsitzenden des Bundesverbandes der Deutschen Industrie stellte. Ganz verleugnete der »am meisten beachtete deutsche Korrespondent in Paris« (Joachim Fest in der FAZ vom 19. Juli 1980) diese Herkunft nie. Sie trug dazu bei, ihn unfähig für das Exil zu machen, das er im Besitz eines Diplomatenpasses jederzeit hätte wählen können. Beobachter der Politik, war Friedrich Sieburg ein zutiefst unpolitischer Mensch. Er erlebte Vergangenheit wie einen Rausch, ohne aus historischen Ereignissen Lehren zu ziehen, die er auf sich selbst hätte anwenden können. Er sah Geschichte als Impressionist und nicht als Pragmatiker. Als Drama und Tragödie bewegte sie seine künstlerische Natur. Die Gesetze der Machtpolitik blieben ihm fremd.

Er war darin Curzio Malaparte nicht unähnlich, der ihm auf einem Mittagessen in der Berliner Italienischen Botschaft durch seinen Redefluß die Sprache verschlug, das einzige Mal, daß ich den großen Erzähler Sieburg verstummen sah. Mit ihm teilte er die Versuchung, aus dem Dekor auf die Substanz zu schließen, aus schillernden Ornamenten ein Weltbild aufzubauen, das nicht stimmen konnte.

Unter den Mitarbeitern der »Frankfurter Zeitung« – Rudolf Kircher, Benno Reifenberg, Karl Korn, Wolf Dewall, Nikolaus Benckiser, Dolf Sternberger, Margret Boveri, Lily Abegg, Irene Seligo – war Friedrich Sieburg die größte literarische und die geringste politische Begabung. Sein hinreißender Sprachstil konnte darüber so wenig täuschen wie seine pointierten Analysen. Man darf daher bezweifeln, ob er mit seinem »Robespierre«, wie Benno Reifenberg (vgl. FAZ vom 21. Juli 1964) vermutete, wirklich Hitler treffen wollte. Der Diktator war nicht seinesgleichen, wie Erich Kästner, den er mit dem Satz verhöhnte: »Man tut diesem braven Mann bitter Unrecht, ihn unter die Klassiker einzureihen.« Kästner war gerade erst gestorben, als Sieburg ihn züchtigte. Aber er sah auch viel Größeren nichts nach. Drei Jahre nach Sieburgs Tod brachte sein Verlag unter dem vieldeutigen Titel »Nicht ohne Liebe« Fragmente aus seinem Nachlaß heraus, die Profile der Weltliteratur abhandeln. Madame de Staël, Victor

Hugo, Guy de Maupassant, aber auch Rilke werden mit beißendem Spott geätzt.

Er brennt am heftigsten, wenn Sieburg ihnen eine Größe bescheinigt, die sie verkleinert. Der Virtuosität seiner atemberaubenden Sprache hält keine Apotheose stand. Unter den wenigen, die von dieser Exekution ausgespart werden, befindet sich Karl Kraus. »Die unvergleichliche Sprachkünstlerschaft, die nicht nur satirischen, sondern auch zartesten lyrischen Ausdruck fand«, schlägt dem Kritiker Sieburg die Waffen aus der Hand. Vielleicht hätte er in jüngeren Jahren Kraus nicht so positiv gesehen. Im Alter fühlte er sich ihm verbunden und suchte seine Nähe.

War Sieburgs Naivität echt oder gespielt? Vermochte er wirklich nicht zu begreifen, daß Menschen ihn nicht mochten, die zu verwunden ihm Vergnügen bereitete. »Warum hassen mich diese Leute?« konnte er fragen (vgl. Fest, FAZ vom 19. Juli 1980). Die Deutschen blieben ihm so fremd, daß er ihnen nicht einmal die Nacktkultur nachsah. So wollte er »psychologisch begründen, warum die Deutschen beiderlei Geschlechts so gerne möglichst entblößt herumlaufen und den Anblick ihres Fleisches offenbar für unwiderstehlich halten. Ich fürchte, der Sache ist nur mit Freud'schen Behandlungsmethoden beizukommen« (an den Autor am 7. August 1954).

Von »Kollegen« wollte er immer weniger wissen. Als ich ihn zu einem Eröffnungsflug der »Lufthansa« einlud, deren Pressechef ich damals war, sagte er ab: »Ich leugne nicht, daß ich nicht gern in Gruppen, gar in Berufsgruppen reise und daher auf manches Vergnügen verzichten muß... Der Verlust der Fähigkeit, zu den Herren der Presse zu gehören, ist eine richtige Alterserscheinung und ich frage mich manchmal, ob ich je wirklich jung war« (an den Autor am 9. Januar 1957).

Publizistischer Konformismus blieb dem Zeitkritiker Sieburg fremd. »Welch eine träge und trübe Angelegenheit die Bundesrepublik moralisch und kulturell heute ist, mögen Sie daraus ersehen, daß mein harmloses Quängeln und Nörgeln wie der Gipfel der Opposition wirkt, etwa so, als schwinge Swift oder Karl Kraus seine Peitsche. Ich kann über meine eigene Ohnmacht nur lächeln. Um so stärker beeindruckt es mich, daß ein scheinbar (nicht anscheinend) so einlenkender Mann wie Sie immer wieder gegen die Gitterstäbe rennt... Niemand in diesem Lande ist noch imstande einen Film oder was auch immer unabhängig zu sehen. Das zahme Geknurr des endesunterzeichneten Freundes ist der Gipfel dessen, was unser Land an Nonkonformisten hervorbringt« (an den Autor am 27. November 1957).

Die Wunden, die ihm die zweite Ehe geschlagen hatte, verharschten in einer dritten Verbindung, die er mit Winnie Kiefer, der Witwe eines Industriellen, einging.

Auf dem Anwesen der Kiefers baute sich Sieburg ein rosafarbenes Tusculum. Aber die Narben schmerzten weiter. Gelegentlich aufblitzende Eitelkeit verriet, daß er noch nicht zum alten Eisen geworfen werden wollte. Als ihn der Pressechef der Stadt Stuttgart dem Bürgermeister Klett vorstellte und dieser ihn leutselig auf einen Artikel ansprach, den der Lokalredakteur der »Stuttgarter Zeitung«, ein Namensvetter Sieburgs, über die Fäkalienabfuhr der Gemeinde veröffentlicht hatte, brach er in den Ruf aus: »Friedrich Sieburg heißen und nicht ich sein, wie schrecklich!« Befragt, wer seiner Meinung nach der größte deutsche Schriftsteller sei, erwiderte er: »Von den Toten – Thomas Mann, von den Lebenden – Friedrich Sieburg!« Aber in solchen Antworten lag ein guter Schuß Selbstironie, die ihn auch in düsteren Stunden nicht verließ.

Kämpfen wollte Friedrich Sieburg in seinen letzten Jahren nicht mehr, schon gar nicht für seine Person. Als ich ihm von einem Angriff der Wochenzeitung »Vorwärts« auf ihn berichtete, lehnte er eine Auseinandersetzung ab: »Es gibt, lieber Freund, heute keine Mittel gegen politische Verleumdung. Wir müssen uns damit abfinden, daß jede Lüge und Verunglimpfung verbreitet werden kann, wenn sie auf dem trüben Strom des schlechten Gewissens der Deutschen dahintreibt« (an den Autor am 27. Januar 1962).

Wenige Monate später, am 22. Juli 1964, betteten wir ihn auf dem Waldfriedhof in Stuttgart zur letzten Ruhe.

OTTO FÜRST VON BISMARCK
1897–1975

Zu den Eigenarten menschlicher Urteilsfindung gehört es, Söhne an den Vätern, Enkel an den Großvätern, Nachfolger an den Vorgängern zu messen. Zumal die Deutschen, die sich in objektiver Geschichtsbetrachtung nicht leicht tun, neigen zu dieser Ungerechtigkeit. Die Erben Friedrichs des Großen litten darunter. Erst Wilhelm I. fand wieder Gnade bei posthumen Kritikern. Seinem Enkel Wilhelm II., der bis 1914 vergöttert wurde, weil er dem Idealtyp des Deutschen seiner Epoche entsprach, verübelte man nach 1918, daß er anders gewesen war als der erste Hohenzollernkaiser. In unseren Tagen mußten sich Ludwig Erhard und Kurt Georg Kiesinger wenig schmeichelhafte Vergleiche mit Konrad Adenauer gefallen lassen. Am schwersten hatten es die Nachfahren Bismarcks, die ihm folgenden Reichskanzler wie seine Leibeserben.

Die Apotheose des Reichsgründers überdauerte alle Geschehnisse der Folgezeit, den Ersten Weltkrieg und die Novemberrevolution, die Weimarer Republik und Hitlers Machtergreifung, den Zweiten Weltkrieg und die Zerstükkelung der Bismarckschen Staatsschöpfung. Gewiß, auch am Denkmal Bismarcks wurde gekratzt. Aber die Wirkung des Sturmes auf Bismarcks Bild war von kurzer Dauer. So sehr die Deutschen gelernt haben, an ihren politischen

Fähigkeiten zu zweifeln, die Erscheinung Bismarcks spendet ihnen Trost. Dieses größte politische Genie des 19. Jahrhunderts hatte den Beweis erbracht, daß auch am Ruder des deutschen Staatsschiffes erstrangige Persönlichkeiten denkbar sind. Aus dem Trümmerfeld ihrer Ideale finden die Deutschen den Weg zum »Eisernen Kanzler« zurück. Sie suchen wieder Schutz im weiten Faltenwurf seiner staatsmännischen Toga.

Sohn Bismarcks zu sein, war schwer. Im Unterschied zu seinem Bruder Bill, der es gar nicht erst versuchte und sich in die Rolle des Landjunkers zurückfand, war Herbert Bismarck nicht abgeneigt, die Nachfolge des Vaters, zumindest in der Außenpolitik, anzutreten. Er übernahm das Auswärtige Amt als Staatssekretär und regierte die Geheimräte der Berliner Wilhelmstraße mit harter Hand. Er diente dem Vaterland, solange es vom Vater geführt wurde, und quittierte den öffentlichen Dienst, sobald der große Staatsmann die Leitung abgeben mußte. Obwohl Wilhelm II. ihn gern behalten hätte, empfand Herbert Bismarck die dem Vater angetane Unbill wie seine eigene und ging mit ihm in das innere Exil. Er überlebte den Kanzler nur um zehn Jahre. Sein ältester Sohn Otto Christian Archibald war erst sieben Jahre alt, als er dritter Fürst von Bismarck wurde und damit Träger des größten Namens der neueren deutschen Geschichte.

Einem Kind wurde eine Bürde aufgeladen, die es überfordern mußte. Die nach dem Tode des Großvaters noch übermächtiger als zu seinen Lebzeiten anschwellende Heldenverehrung, die Legende von einem Siegfried in Kürassierstiefeln, der aus Blut und Eisen das neue Reich geschmiedet hatte, die Bewunderung für einen Staatsmann, der mit drei Kugeln zu jonglieren wußte, bedrängte den zarten Knaben. Daß er dem Regiment der Gardes du

Corps in Potsdam zugeteilt wurde, war ihm so vorbestimmt wie die Vorbereitung für den Eintritt in den Auswärtigen Dienst, der beanspruchte, das politische Vermächtnis des großen Kanzlers zu hüten. Ohne den Ersten Weltkrieg und den Sturz der Hohenzollernmonarchie wäre dem älteren Bismarckenkel eine Karriere als Diplomat sicher gewesen. Wie Fürst Richard Metternich, der älteste Sohn aus der zweiten Ehe des österreichischen Staatskanzlers Klemens Metternich, wäre er eines Tages an die Spitze einer Botschaft getreten. Zwar wäre ihm Paris wegen seines Namens verschlossen geblieben. Aber Moskau hätte offengestanden und vermutlich auch London, Rom, Wien und Washington. Diese Aussichten bestanden sogar noch 1918. Sie trübten sich erst 1933 und verschwanden 1945. Aus dem jungen Diplomaten, der sich in Stockholm, London und Rom für eine höhere Berufung qualifiziert hatte, wurde ein früher Pensionär. Wie seinen Vater, zwangen äußere Umstände, an denen er keinen Anteil hatte, den dritten Fürsten Bismarck, sich in den Sachsenwald zurückzuziehen. Im besten Mannesalter fand sein Aufstieg ein Ende, bevor er die Gelegenheit erhielt, sich in den Fußstapfen des ersten und des zweiten Fürsten Bismarck einzurichten. Nicht nur das. Der durch das Kriegsende aus dem politischen Leben verbannte Enkel mußte zusehen, wie die Sieger von 1945 das Werk seines Großvaters zerstörten, die Einheit des zweiten Reiches zerbrachen und die Bismarcks von Gütern in der Mark und in Pommern, auf denen sie Generationen hindurch gesessen hatten, in den Westen vertrieben wurden. Auch eine weniger sensible Natur wäre durch diese Entwicklung aufs schwerste getroffen worden. Im Wesen Otto Bismarcks bewirkte sie einen Bruch, den er nie mehr überwinden sollte, sosehr er sich auch mühte, ihn nicht sichtbar werden zu lassen.

Als Konrad Adenauer 1953 den dritten Fürsten Bismarck für die CDU in den Bundestag holte und ihn in die Beratende Versammlung des Europarates und der Westeuropäischen Union delegierte, folgte er einem wohl durchdachten Kalkül. Er sicherte sich mit dieser spektakulären Wahl Rückhalt bei den ostelbischen Flüchtlingen und im norddeutschen Protestantismus, deren Vertretung er nicht allein der DP (Deutschen Partei) überlassen wollte. Der Enkel des großen Staatsmannes in den Reihen der Union war ihm um so willkommener, als er dazu beitrug, den rheinischen Bundeskanzler als Treuhänder der Wiedervereinigung auszuweisen, ohne daß er sich ausdrücklich zum geistigen Gut Bismarcks zu bekennen brauchte. Der dritte Bismarck war viel zu gewitzt, um dieses Motiv zu übersehen. Gleichwohl stellte er sich in den Dienst einer Sache, der er sich schon deswegen nicht zu entziehen vermochte, weil Adenauer die Sammlung der konservativen Kräfte im neuen Staat gelungen war. Aus ähnlichen Erwägungen hatte er sich 1924 bis 1927 dem Reichstag zur Verfügung gestellt.

Daß dem dritten Bismarck die politische Existenz eines Hinterbänklers in der Bonner Volksvertretung wenig zusagte, war offensichtlich. Während mehrerer Legislaturperioden hielt er nicht eine einzige Rede. Nicht wenige Abgeordnete wären bereit gewesen, sich ihm unterzuordnen, ihm Verehrung zu zollen als Repräsentanten abwesenden Preußentums. Aber er war zu bescheiden, sein politisches Erbe geltend zu machen und wich allen Bemühungen aus, ihn in das Rampenlicht des Parlaments zu ziehen. Auch überkam ihn, der für geschliffene Tischreden bekannt war, bei großen Versammlungen Platzangst. Seine labile körperliche Verfassung, die ihn eine Niere gekostet hatte, konnte sich in einer Zurückhaltung niederschlagen, die ihn Konfrontation meiden ließ. Für die Last, die ihm der Name auferlegte, war er eine zu zerbrechliche Schale. Zudem verstärkte sein Wunsch, in die diplomatische Laufbahn zurückzukehren, seine Scheu, sich politisch zu exponieren. Als ihm Brentano die Deutsche Botschaft in Buenos Aires anbot, lehnte er ab. Er wußte zu gut, daß die Übernahme der deutschen Vertretung am La Plata kein Sprungbrett für Spitzenpositionen sein würde. Er wollte eine Karriere, die in der großen Welt begonnen hatte, nicht in Lateinamerika beenden.

Der dritte Fürst Bismarck war eine so vielschichtige Natur wie sein Großvater. Er verband hohe Intelligenz mit einer unglaublich schnellen Auffassungsgabe. In ihm waren nicht nur die Veranlagungen der Bismarcks und Putkamers mächtig. Seine Mutter kam aus dem spanischen Geschlecht der Hoyos, das unter den Habsburgern nach Österreich gelangt war, eine Großmutter aus der englischen Familie Whitehead, die in Fiume eine Torpedofabrik betrieben hatte. Mit seiner Hornbrille glich er äußerlich eher einem Berliner Anwalt als einem märkischen Junker. Vom Kanzler hatte er die Menschenkenntnis geerbt, die ihn ausgezeichnete Beamte für seinen Besitz Friedrichsruh verpflichten ließ. In Geldsachen, die sein Großvater dem Bankier Bleichröder anvertraute, hatte er eine so glückliche Hand, daß ihn Freunde mit König Midas verglichen.

Freilich entsprach das von ihm zusammengehaltene Vermögen nicht annähernd den in der Sensationspresse genannten Zahlen. Aber es reichte aus für die komfortable Lebensführung einer großen Familie.

In Otto Bismarck stritten zwei Naturen. Er konnte zaudern und plötzliche Entschlüsse fassen. Er brillierte durch eine humorvolle Konversation und konnte tief nachdenklich sein. Er kannte keine sozialen Vorurteile. Im Verkehr mit anderen war er die Liebenswürdigkeit in Person und dann wieder kurz angebunden. Hinter einer bisweilen rauhen Schale verbarg sich ein weicher und gütiger Mensch, der Freunde und Abhängige nicht im Stich ließ. Er liebte Frau und Kinder und wurde von ihnen geliebt. Er war ungern allein, langweilte sich schnell, hatte jugendliche Gesellschaft gern und suchte Zerstreuung auf Reisen und auf der Jagd. Er ritt, spielte Tennis und Bridge. Er las viel und zu rasch. Ich habe ihm oft nahegelegt, sein Leben aufzuschreiben. Über Ansätze kam er nicht hinaus. Die Vorstellung, seine Memoiren könnten an den »Gedanken und Erinnerungen« des Großvaters gewogen werden, entwand ihm die Feder, bevor er sie eingetaucht hatte.

Der goldene Griff im Leben Otto Bismarcks war seine Frau. Als junger Attaché an der Deutschen Gesandtschaft in Stockholm hatte er Ann Mari Tengbom, die Tochter eines berühmten Architekten, kennengelernt und im Berliner Dom im Beisein Hindenburgs geheiratet. Sie ergänzte seine komplizierte Natur. Alles an ihr war groß und einfach. Eine blonde nordische Schönheit, nach der Jünglinge und reife Männer sich die Köpfe verdrehten, glich sie Grace Kelly, mit der sie charakterlich manches gemein hatte. Die Krone, für die sie geschaffen war, setzte ihr der Kanzlerenkel aufs Haupt. Im Deutschland nach 1918 sind wenige Frauen so verwöhnt worden wie dieses junge schwedische Mädchen. Der Gatte legte ihr die Welt zu Füßen, die nur zu bereit war, ihr zu huldigen. Er überhäufte sie mit Kleidern und Pelzen, mit Schmuck, Dienerschaft und Limousinen. Sie schenkte ihm vier Söhne und zwei Töchter, von denen drei vor und drei nach dem Kriege geboren wurden. Sie gab alles, was eine Frau einem schwierigen Mann geben kann, Verständnis für seine Eigenart, Ruhe und ein harmonisches Familienleben. Sie machte ihm ein großes Haus, wie es in der deutschen Diplomatie selten geworden war. Sie empfing englische Lords und römische Nobili in ihrem Salon und übte eine Repräsentation, deren Eleganz und Weltläufigkeit sich von der Pauvreté Weimars ebenso abhob wie vom Protz des tausendjährigen Reiches. Sie wurde eine Fürstin, wie sie nur noch im Film vorkommt. Unwiderstehlich in ihrem Liebreiz, unantastbar in ihrer Würde. Ihr Schwager Hermann Keyserling mag an sie gedacht haben, als er im »Spektrum Europas« die Schwedinnen mit hochgezüchteten Walküren verglich – gesund, stark und schön, seelisch wie körperlich, mit den Frauen im Paradies – wenn Adam und Eva dort Gesellschaft gehabt hätten.

Eine tiefe Kerbe in das Leben der Ann Mari Bismarck schnitt der vorletzte Tag des Zweiten Weltkrieges, als britische Bomber das historische Bismarckhaus in Friedrichsruh einäscherten. Die im Sternbild des Löwen Geborene nahm die Herausforderung an. Sie barg aus der Ruine, was das Feuer verschont hatte, und zog mit Kind und Kegel in den Stall. Dort gab es über Wagenremisen und Pferdeboxen eine Kutscherwohnung, die sie in ein Feenreich verwandelte. Sie löste den Gatten aus englischer Haft und rief mit Lebensmitteln und Geld, das sie in Schweden gesammelt hatte, ein privates Flüchtlingshilfswerk ins Leben. Sobald es die Verhältnisse erlaubten, ging sie an die Wiederaufrichtung des verbrannten Hauses. Der Neubau lieh ihr eine große Chance. Als der Reichskanzler den Sachsenwald als Dotation der preußischen Krone erhielt, gab es dort weder ein Schloß noch ein Herrenhaus, sondern nur einen Gasthof, der für seine Zwecke hergerichtet wurde. In den »historischen Räumen« machten sich die Greuel der Gründerzeit breit. Wie andere Magnaten hatte der Kanzler Gemütlichkeit geliebt, ohne auf guten Geschmack zu sehen. Mit dem vom Vater ererbten Talent zeichnete Ann Mari Bismarck den Grundriß und die Fassade des neuen Hauses. Aus der Asche der früheren Gastwirtschaft wuchs ein Bau, der, schwedischen Landschlössern nachempfunden, hell und heiter, klar und symmetrisch angelegt, mit bunten Vorhängen, englischen Polstermöbeln, antiken Kommoden und Konsolen, Uhren und Lenbach-Porträts eingerichtet wurde. Was vom Mobiliar des Kanzlers hatte gerettet werden können, fand in einem Museum Aufstellung, das die schwedische Fürstin in einer Zeit stiftete, in der die Besatzungsmächte den erhabenen Namen in Acht und Bann getan hatten.

Das Domizil der Schönhausener Bismarcks wurde im Lauf der Nachkriegsjahre zum ersten Haus in der Bundesrepublik. Das alte und das neue Deutschland gingen hier ein und aus, der deutsche Adel und Hochadel, Politiker und Parlamentarier, Künstler, Industrielle und Forscher, die im Bismarckarchiv arbeiteten. Adenauer, Kiesinger und Gerstenmaier zollten dem Gründer des zertrümmerten Reiches im Museum und in der Gruftkapelle Tribut. Das Ausland fand sich ein auf den Treibjagden, die im Sachsenwald abgehalten wurden. Das schwedische Königspaar und der Bankier Jakob Wallenberg, der Herzog und die Herzogin von Windsor, die Vicomtesse de Ribes, eine der großen Damen der Pariser Gesellschaft, Königin Beatrice der Niederlande und ihr Prinzgemahl Claus, der in Friedrichsruh zuerst das Parkett der eleganten Welt betreten hatte.

Fürstin Ann Mari gab der wachsenden Familie einen festen Rahmen. Sie sorgte dafür, daß die Kinder sich bewußt blieben, Urenkel des großen Bismarck zu sein. Freilich sind die Bismarcks eine andere Familie geworden als diejenigen, die der alte Kanzler aufgezogen hatte. Sie haben kosmopolitische Züge angenommen und sich nicht weniger verändert als Preußen nach der Kaiserproklamation in Versailles. Der erste Fürst Bismarck, der 1881 das Eheprojekt seines Sohnes Herbert mit der Fürstin Elisabeth Carolath unterband, weil sie mit seinen politischen Gegnern verwandt, eine geschiedene Frau und obendrein katholisch war, hätte sich nicht vorstellen können, daß Herberts Kinder sich ihre Lebensgefährten aus Schweden, Österreich, dem Baltikum und den Vereinigten Staaten holen würden. Noch wird er daran gedacht haben, daß viele Urenkel sich mit Katholiken vermählen würden. Aus diesen Verbindungen ist eine Generation hervorgegangen, die in aller Welt Wurzeln geschlagen hat.

Wenn die jungen Bismarcks in Friedrichsruh sind, suchen sie die Gruftkapelle auf. Neben den Grabmälern des Reichsgründers, seines Sohnes Herbert und beider Gemahlinnen hat dort der Sarkophag des dritten Fürsten Bismarck Aufstellung gefunden. Er trägt eine Inschrift, die seine Witwe in ihrer schwedischen Muttersprache in den Stein meißeln ließ: TACK SO MYCKET – Dankeschön!

Preusse im Cockpit

HANS M. BONGERS
1898–1981

Von Konrad Adenauer abgesehen, bin ich kaum einer Persönlichkeit begegnet, die preußischer auf mich gewirkt hätte als Hans M. Bongers, der Schöpfer der neuen Lufthansa. Von scharfem, Zusammenhänge durchdringendem Verstand, in logischem Denken geschult, einem großen Vorhaben sich unterordnend, von eisernem Fleiß, systematisch arbeitend, auf Äußerlichkeiten nichts gebend, sparsam und bedürfnislos, entsprach Bongers dem Idealbild des Unternehmers der Frühzeit. Seine Wiege stand außerhalb der alten preußischen Staatsgrenzen. Er kam aus Itzehoe, einer Kleinstadt im meerumschlungenen Norden Deutschlands. Dort war er am 5. Dezember 1898 geboren worden. Er ging in Dessau zur Schule und gelangte über die Junkers-Werke in Berührung mit der Luftfahrt, dem Element, das sein Leben bestimmen sollte. Von einer schweren Kriegsverwundung geheilt, trat er dort am 20. Oktober 1918 als kaufmännischer Angestellter ein.

Der Kanzler wollte es nicht wahrhaben, wenn man von ihm sagte, daß Preußen, dem er als Staatsrat in Berlin viele Jahre hindurch verbunden war, ihn geprägt habe. Bongers war zu introvertiert, um von seiner Herkunft und Entwicklung Aufheben zu machen. Nur einmal, vor seinem vierzigsten Dienstjubiläum, bat er mich, der Presse eine Information über seine Person zu übermitteln. Anders als Adenauer bevorzugte Bongers Preußen in seinem Stab. Er blieb Berlin verbunden, das seine als Lektorin für die UFA tätige Schwester niemals verlassen hatte. Berlinisch war sein Sarkasmus, der, begleitet von schneidender Höflichkeit, Freunde so wenig aussparte wie Gegner. Sein Wissen hatte Bongers hart erarbeitet. Er las Nächte hindurch, rang wochenlang um Entscheidungen und hielt an Prinzipien fest. Unter den Männern, die die Bundesrepublik Deutschland aufbauten, war Hans M. Bongers einer der unbekanntesten. Er machte nicht deutsche oder europäische Politik. Er gestaltete Luftfahrtgeschichte.

Während meines beruflichen Lebens habe ich nur zweimal mit Vorgesetzten zu tun gehabt, die meine Arbeit nicht erschwerten, mit denen ich Auseinandersetzungen führte, bei denen sie mich oder ich sie überzeugte. Der eine von ihnen war Hans M. Bongers, der mich als Pressechef und Public-Relations-Direktor in die im August 1954 wieder begründete LUFTHANSA holte. Es war an einem Februarmorgen im Jahre 1955, als ich zum ersten Mal sein in der alten Kölner Universität gelegenes Büro betrat, um mich vorzustellen. Bongers, der meinen Vorgänger nach kurzer Probezeit wieder entlassen hatte, sah mich prüfend an. Er erkundigte sich nicht nach meiner Person, die ihm von Rudolf Fischer, einem mir befreundeten Mitarbeiter des Bundesverkehrsministers Seebohm, empfohlen worden war. Er stellte nur die Frage, ob ich mit ihm arbeiten wollte und wann ich anfangen könne. Seine Art, ohne Umschweife auf das Wesentliche zu kommen, sollte ich noch oft bewundern. Bongers haßte Unsinn und wurde ungeduldig, wenn Lufthanseaten seinen Gedankengängen nicht schnell genug folgen konnten, sich ausmärten statt auf präzise Fragen exakte Antworten zu geben. Seine engeren Mitarbeiter hatte Bongers selbst ausgesucht. Das war nicht einfach in einer Zeit, wo die mächtig aufstrebende westdeutsche Industrie das Potential an qualifiziertem Personal so gut wie ausgeschöpft hatte. Deutsche Flugtechniker hatten sich verlaufen oder arbeiteten im Ausland. Deutsche Piloten, in der Regel Kriegsflieger, waren nach 1945 in anderen Berufen untergetaucht. Als Bongers, der bei der alten Lufthansa als Verkehrsleiter tätig gewesen war, nach dem Kriege die neue Lufthansa zu planen anfing, galt es zunächst, Adressen zu sammeln. Bongers hatte einen Blick für Begabungen, aber seine Menschenkenntnis war so wenig unfehlbar wie seine Menschenführung. Er hatte das große Glück, in seinem für die Technik verantwortlichen Vorstandskollegen Dipl.-Ing. Gerhard Höltje einen Mann zu gewinnen, der über viele der Eigenschaften gebot, die Bongers abgingen. Es gab in dem schnell wachsenden Betrieb niemanden, der Bongers nicht respektierte – aber es gab auch niemanden, der Höltje nicht geliebt hätte.

Bald nach meinem Eintritt wurde der Flugbetrieb zunächst innerhalb von Westdeutschland mit vier zweimotorigen CONVAIR-Propellermaschinen aufgenommen. Am 15. Mai waren die ersten Europastrecken eröffnet worden, am 8. Juni 1955 stellte eine LOCKHEED SUPER CONSTELLATION, das erste mit vier Motoren ausgerüstete Großflugzeug der neuen Lufthansa, die Verbindung mit New York her. Zehnjährige, in aller Stille betriebene Vorbereitungen trugen die ersten Früchte. Als der damals 47jährige Bongers im Oktober 1945 bei den westlichen Besatzungsmächten das Terrain für die Gründung einer Bodendienst-Organisation abklopfte, erhielt er eine Absage, die im Sommer darauf mit dem Hinweis auf das Potsdamer Abkommen wiederholt wurde. Das Motiv lag weniger in der Befürchtung der Alliierten, Bongers könne die Wiederauferstehung der

Luftwaffe im demilitarisierten Deutschland betreiben. Hinter der Ablehnung verbarg sich der Wunsch, den amerikanischen, britischen, französischen, niederländischen und skandinavischen Luftverkehrsgesellschaften, die sich ohne Gegenrechte auf dem Territorium der Bundesrepublik eingenistet hatten, die deutsche Konkurrenz möglichst lange vom Hals zu halten. Der Kampf um die Wiedergewinnung der Parität im Luftverkehr zwischen der Bundesrepublik und dem Ausland warf auf die ersten Jahre des jungen deutschen Unternehmens einen tiefen Schatten. Vom Verkehr mit Berlin bleiben westdeutsche Flugzeuge bis heute ausgeschlossen.

Die deutsche Wirtschaft hatte sich an die ausländischen Luftverkehrsträger so gewöhnt, daß sie das Wiedererscheinen der Lufthansa mit großer Skepsis begleitete und ihr das Kapital verweigerte. Die Lufthansa-Aktien wurden vom Bund übernommen. Einen kleinen Teil zeichnete das Land Nordrhein-Westfalen. Für den privatwirtschaftlich denkenden Bongers fiel damit der erste bittere Tropfen in den Wein seiner Hoffnungen. Bongers und der an seine Seite getretene Dr. Kurt Weigelt, ein früherer Kolonialkaufmann und Bankier, der 1920 den »Deutschen Aero-Lloyd« und 1923 die alte Lufthansa mit ins Leben gerufen hatte, kämpften nach zwei Seiten. Sie mühten sich um die Wiederbelebung eines Unternehmens, das die Besatzungsmächte nicht wollten und das von seinen potentiellen Kunden abgelehnt wurde. Vermutlich hätten sie ihr Ziel nie oder erst Jahre später erreicht, wenn ihnen nicht im Bundesverkehrsminister Dr. Hans Christoph Seebohm, einem Sudetendeutschen, ein Bundesgenosse erstanden wäre, der bereit war, die politische Verantwortung für die Initiative von Bongers zu übernehmen. Das bedeutete, sehr zu Bongers' Unbehagen, eine Vormundschaft der Lufthansa durch die öffentliche Hand. Zwar übernahm Weigelt, der nicht frei von Eifersucht auf Bongers war, den Vorsitz im Aufsichtsrat. Aber in diesem Gremium hatten auch Beamte das Sagen wie Dr. Kurt Knipfer, der Leiter der Luftverkehrsabteilung im Bundesverkehrsministerium, Staatssekretär Leo Brand für das Land Nordrhein-Westfalen und Prof. Dr. Heinz Maria Oeftering, Präsident der Deutschen Bundesbahn. Die Schiffahrt entsandte Richard Bertram, Vorstandssprecher des Norddeutschen Lloyd, die Stadt Köln ihren Stadtdirektor Dr. Max Adenauer, einen Sohn des Bundeskanzlers.

Der Kontakt mit Seebohm erfolgte über Knipfer, was viel Diplomatie erforderte. Der Sachse Knipfer war im Preußischen Innenministerium groß geworden und dachte fiskalisch, was sich mit der großzügigen Zielgebung Seebohms nicht immer vertrug. Überdies schaltete sich auch Knipfers Vertreter, General der Flieger a.D. Werner Kreipe, letzter Generalstabschef der Luftwaffe, ein. Er war ein urbaner Mann, ließ fünf gern gerade sein, wollte aber zur Materialpolitik gehört werden. Einfacher gestalteten sich die Beziehungen zu Heinz Orlovius und Dr. Ulrich Schmitt-Ott, die Kreipe nachgeordnet waren und sich mit Pressefragen und Verkehrspolitik befaßten. Über Max Adenauer gab es eine lose Verbindung zu seinem die Bundesrepublik regierenden Vater. Sie war um so wichtiger, als die Flottenpolitik bald in politische Strudel geriet. Die Engländer suchten die Beziehungen der Lufthansa zu amerikanischen Lieferanten wie Convair und Lockheed zu unterlaufen und drängten über den diplomatischen Weg auf die Bestellung von »Viscount«-Flugzeugen für die Europastrecken. Die Bundesregierung gab nach, und damit verzögerte sich die einheitliche Beschaffung von Flugzeugen um Jahre. Sie konnte erst in einem späteren Stadium in Zusammenarbeit mit der amerikanischen Firma Boeing verwirklicht werden. Im Aufsichtsrat vertrat Max Adenauer den Wunsch Kölns nach einem eigenen Großflughafen, der die Konkurrenz mit Düsseldorf und Frankfurt aufnehmen konnte. Dem von Prof. Heinrich Steinmann, einem Kölner Lokalpatrioten, enthusiastisch verfochtenen Plan leistete die Bundesregierung Vorschub, weil sie in der Nähe Bonns ein Flugfeld benötigte, auf dem sie ausländische Staatsgäste empfangen konnte. So entstand auf einem ehemaligen Truppenübungsplatz in der Wahner Heide bei Porz am Rhein ein mit modernsten Einrichtungen ausgestatteter Airport. Er sollte freilich niemals der Steinmannschen Vision eines rheinischen Verkehrsknotenpunktes gerecht werden. Die Zahl der Starts und Landungen blieb jahrelang so niedrig, daß die im Flughafenrestaurant befindlichen Gäste jedesmal ans Fenster stürzten, um das seltene Schauspiel einer auf- oder absetzenden Maschine zu erleben.

Für den nüchtern rechnenden Bongers blieb das Wahner Projekt Krampf. Er hatte schon eine andere Fehlinvestition absegnen müssen, die ihm nicht weniger contre cœur ging, die Wahl Kölns als Verwaltungssitz. Auch sie war politisch bedingt und ignorierte wirtschaftliche Überlegungen, die die Konzentration der Lufthansabasis auf einen Platz verlangten. Das junge, auf Rendite angewiesene und von Bongers so konzipierte Unternehmen war nun genötigt, von drei Punkten aus zu operieren, die räumlich voneinander entfernt waren. In Hamburg, wo mit Hilfe des dortigen Senats eine Lufthansa-Flugwerft errichtet worden war, von Frankfurt, dem Luftkreuz Westdeutschlands und Schwerpunkt des Flugbetriebes, und in Köln, wo die Verwaltung angesiedelt werden mußte. Statt eines Firmensitzes, wie sie bei anderen Luftverkehrsunternehmen üblich sind, gab es deren drei. Die Folge war ein übermäßiges Anschwellen der Administration, ein Neben- und Gegeneinander von Zuständigkeiten und eine Unzahl überflüssiger Dienstreisen. Ein künstliches Handicap wurde geschaffen, das sich finanziell zu Buche schlug und der Effizienz des Unternehmens bis heute zu schaffen macht.

Auf die vielschichtige und sensible Persönlichkeit von Bongers, der in einfachen und klaren Kategorien zu denken gewohnt war, blieb diese Entwicklung nicht ohne Einfluß. Sie belastete sein Vorhaben, das ins Werk zu setzen ohnehin die ganze Kraft eines Mannes brauchte. Bongers mußte erleben, daß die neue Lufthansa sich in der Retorte nicht formen ließ. Neben voraussehbaren Schwierigkeiten wie der Sammlung und Einspielung qualifizierter Mitarbeiter traten infolge der permanenten Bevormundung durch die Bundesbürokratie personelle und politische Faktoren auf, die sich seiner Kontrolle entzogen. Anfang der fünfziger Jahre, als sich die ersten Konturen der neuen Lufthansa abzeichneten, war ihr Begründer einer der einsamsten Männer im Wirtschaftswunderland. Kontaktscheu, Mißtrauen, autoritäres Denken trugen zu seiner Isolierung so bei wie die räumliche Trennung von seiner Frau, die er nur an Wochenenden sehen konnte.

Elisabeth Bongers, geb. Schmitz, von ihrem Gatten »Fischer« genannt, war der zentrale Punkt in seinem Leben. Wie so viele bedeutende Männer brachte Bongers seiner Frau all die Liebe und Verehrung entgegen, die er anderen vorenthielt. Frau Bongers war eine erfolgreiche Ärztin und ihrer Aufgabe so leidenschaftlich zugewandt wie ihr Mann der zivilen Luftfahrt. Sie versah in Bollendorf bei Bitburg eine Praxis, die sie ausfüllte. Ihre Ehe blieb kinderlos. Der Adoptivsohn Malte war in einem Internat untergebracht. So traf sich das Paar nur an Wochenenden in Bollendorf, wo ein weitläufiges, gegen Weinberge gelegenes Haus ihr Heim war. Unter der Woche hauste Bongers in einer Kölner Junggesellenbleibe, wo er keinen Menschen sah. Er haßte gesellschaftliche Veranstaltungen und war nur mit Mühe zur Übernahme unumgänglicher Repräsentationspflichten zu bewegen. Als Konrad Adenauer das Angebot der Air France, ihm für eine Reise in die USA und nach Japan eine schnell fliegende Düsenmaschine zur Verfügung zu stellen, ablehnte und auf der Benutzung einer alten, langsamen Lufthansa-Super-Constellation bestand, war Bongers nicht zu überreden, den Kanzler zu begleiten. Dabei bot sich während der langen Erdumrundung die nicht wiederkehrende Gelegenheit, den mächtigen Regierungschef für das Thema Lufthansa-Aufbau zu erwärmen. Bongers überließ diese Mission mir, was mich gewiß ehrte. Der Sache aber konnte ich natürlich nicht so dienen wie der Mann, der sie erfunden und zu seinem Lebensinhalt gemacht hatte.

Der Umsicht und dem Zuspruch seiner Frau sollte Bongers es verdanken, daß er die schwerste Zäsur seines Lebens überstand. Als wir im April 1958 aus Südamerika, wo der Dienst nach Santiago de Chile eingeweiht worden war, nach Europa zurückkehrten, drängte Bongers vor mir nach Hause. Er ließ sich auf dem Frankfurter Flughafen mit dem Wagen abholen und verunglückte auf der Kölner Autobahn kurz vor Mitternacht bei einem Überholmanöver. In das Krankenhaus von Dierdorf gebracht, stellten sich seine Kopfverletzungen als so gravierend heraus, daß mit seinem Ableben gerechnet werden mußte. Allein die Tatsache, daß der diensttuende Arzt ein früherer Chirurg der Luftwaffe war, der auf den Frontverbandsplätzen des Zweiten Weltkrieges eine große Erfahrung in der Versorgung von Schädelblessuren gesammelt hatte, rettete Bongers das Leben. Bereits einen Tag nach dem Unfall, am 30. April, konnte er in die Obhut des Gehirnspezialisten Professor Wilhelm Tönnis an der Neurochirurgischen Klinik in Köln überführt werden. Nach einem Jahr stationärer Behandlung kehrte er an seinen Schreibtisch zurück.

Der Unfall, der auch zu Sehstörungen führte, und das Bangen um sein Lebenswerk, dessen Fortführung er ein ganzes Jahr hindurch anderen hatte anvertrauen müssen, hinterließen in Bongers tiefe Spuren. Überspielte er vorher seine Befangenheit im Umgang mit Untergebenen durch eine Redeweise, die keinen Widerspruch duldete, so verunsicherte ihn jetzt Neigung zu Konzilianz. Die Zügel der Lufthansa entglitten ihm nicht, aber er führte sie lockerer, was nicht allen seinen Mitarbeitern bekam. In den oberen Rängen des Unternehmens kam es häufiger als vordem zu Spannungen, deren Bongers nicht Herr wurde und unter denen er litt. Die alte Erfahrung bestätigte sich, daß die Deutschen straff geführt werden müssen, wenn sie etwas leisten sollen.

Die schnelle Ausdehnung der Lufthansa, die wachsende Zahl ihrer Angestellten, die Existenz von drei Verwaltungskörpern, die Errichtung der überseeischen Verkaufsorganisation mit regionalen Direktionen, die Gründung von Tochtergesellschaften förderten die zentrifugalen Tendenzen in einem Unternehmen, das sich Konzern zu nennen begann. Vizekönigtümer entstanden, die autonome Rechte begehrten. Die von Bongers eingeführte Koordination der einzelnen Sparten, die sich auf eine Zeichensprache stützte, erleichterte die Verständigung innerhalb des Betriebes nicht. Vor allem verfehlte sie ihren Zweck, den Dienstverkehr zu entpersönlichen. Bongers selbst, der sich niemals als Vorstandssprecher oder gar Vorsitzender apostrophieren ließ und sein Weisungsrecht unter dem Kürzel

»DB« (Direktor Bongers) ausübte, mußte des Firmenchinesisch entraten, wenn er etwas durchsetzen wollte. Lag ihm etwas am Herzen, so stellte er seinen Anordnungen die Formel voran: »Herr Bongers wäre dankbar, wenn...«. Während seiner letzten Jahre an der Spitze der Lufthansa glich Bongers einem Schiffsführer, der zwar im Brückenhaus den Kurs bestimmt, aber achtern und auf dem Vorschiff Deckoffizieren zusehen muß, die selbst Kapitän spielen wollen.

Ende 1964 trat Bongers vom Vorstand in den Aufsichtsrat über, wo ihm als Schöpfer des Unternehmens billigerweise der Vorsitz gebührt hätte. Dieser war jedoch 1960, nach dem Ausscheiden Dr. Weigelts, der, umtriebig und unbequem, aber nicht ohne Kenntnisse, Bongers manchen nützlichen Ratschlag erteilt hatte, durch den Bankier Hermann J. Abs besetzt worden. Mit dem Vorstandssprecher der Deutschen Bank war eine der profiliertesten Persönlichkeiten der deutschen Wirtschaft von den eisigen Gipfeln des Hochkapitalismus in die Niederungen eines vom Staat ausgehaltenen Unternehmens abgestiegen. Die Hoffnungen, die Bongers an diesen Wechsel knüpfte, erfüllten sich nicht. Der Bund dachte nicht daran, die Lufthansa zu privatisieren. Auch war die Wirtschaft nicht bereit, das Kapital zu übernehmen. Die öffentliche Hand behielt ihren überragenden Einfluß, den sie bei der vorzeitigen Ablösung von Dr. Herbert Culmann, dem Nachfolger Bongers', brutal zur Geltung brachte. Er mußte noch vor seiner Pensionierung dem Staatssekretär im Bundesverkehrsministerium und früheren Senator des Freistaates Hamburg, Heinz Ruhnau, Platz machen.

1963 wurde Bongers die Genugtuung zuteil, daß die Lufthansa erstmals einen Gewinn auswies. An seinem 65. Geburtstag wurde er mit dem Großen Bundesverdienstkreuz ausgezeichnet, ein Orden, aus dem er sich wenig machte und der Hinz und Kunz aus gleichem Anlaß verliehen wird. Den warmen Regen von Professorentiteln, der auf mehrere Vorstands- und Direktionskollegen herabrauschte, quittierte er mit Ironie. Aber er mochte sich doch fragen, ob er sein Licht nicht zu sehr unter den Scheffel gestellt hatte.

Am 23. Juni 1981 verstarb Hans Bongers in seinem 83. Lebensjahr. Seine Frau war ihm im Tod vorangegangen, was seinen Lebensabend in Bollendorf verdüsterte. Er befaßte sich dort mit Studien über Architektur, die ihn im Dessauer Bauhaus schon während seiner jungen Jahre beschäftigt hatten. Er besuchte Ausstellungen moderner Malerei, wie sie in Köln und Frankfurt gezeigt wurden, und genoß klassische und moderne Musik. An seinem 80. Geburtstag feierten ihn seine früheren Mitarbeiter. Unter denen, die ihn beglückwünschten, befanden sich viele, die gute Stellungen aufgegeben hatten, um einem Unternehmen zu dienen, das ihnen zunächst nur kärgliches Entgelt bieten konnte. Aber der Wiederaufbau der deutschen Lufthansa faszinierte sie so wie der Mann, der dieses Werk in Gang brachte. Hans M. Bongers war eine der nobelsten Erscheinungen der deutschen Wirtschaftsgeschichte nach dem Zweiten Weltkrieg. Er verschrieb sich einer Sache, die er um ihrer selbst willen tun mußte.

Der Bauer als Bankherr

AUGUST VON FINCK
1898–1980

»Auf der 80. Sprosse der Lebensleiter angelangt, liegt es nahe, einen Blick zu werfen auf den zurückgelegten, bisweilen mühevollen Aufstieg. Ein Weg, gezeichnet von Freud und Leid, von Erfolgen und Enttäuschungen, über allem die Pflicht und Gottvertrauen.«

Dieser Satz stand in der Danksagung, mit der August von Finck die Glückwünsche beantwortete, die er zu seinem 80. Geburtstag am 18. Juli 1978 erhalten hatte. Sie drückten vieles aus, was in seinem Wesen beschlossen war: Bescheidenheit, Resignation, das Bewußtsein, nicht von dem Wege abgewichen zu sein, den ihm ein großes Erbe aufgegeben hatte. August von Finck wurde am Fuße der bayerischen Alpen, in Kochel, als Sohn eines Mannes geboren, der zu den Leitfiguren der Gründerzeit zählte. Sein Vater, Wilhelm Finck, der 1911 den erblichen Adel erhielt, war Mitte des 19. Jahrhunderts nach München gekommen und in ein Bankhaus eingetreten, das bald auch seinen Namen trug – Merck, Finck & Co. Er hatte zu den Mitgründern der »Allianz« und der »Münchener Rück« gehört, zwei Versicherungsgesellschaften, die sich im Laufe der Jahrzehnte zu den mächtigsten in Europa entwickeln sollten. Er hatte sich an vielen Industriezweigen des aufstrebenden Reiches, an Brauereien, Kraftwerken, Stahl beteiligt. Grund und Boden hatte er nicht vernachlässigt, und mit der Zeit Immobilien in München und landwirtschaftliche Betriebe im Umfang von 4000 ha erworben. Er war Bankier und Großgrundbesitzer in einem – eine Kombination, die in Bayern nicht selten ist, wie das Beispiel der Fugger und Taxis demonstriert. Sein Vermögen wollte er unter seine Söhne Wilhelm und August teilen. Dem Erstgeborenen war die Bank, dem nachgeborenen der Landbesitz zugedacht. Der Erste Weltkrieg verdarb dieses Konzept. Wilhelm fiel 1916 in Flandern. Als der Vater 1925 starb, ging alles an August, den jüngeren Sohn. Für einen Siebenundzwanzigjährigen, der sich auf ein Leben als Agrarier vorbereitet hatte, eine schwere Verantwortung, wenn nicht Last.

Die Bindung an das Land hat August von Finck vor allem geprägt. Er bezeichnete sich stets als Landwirt und Bankier. Er unterhielt zwar einen Wohnsitz in München, aber er verbrachte jede freie Stunde auf seinem Gut Möschenfeld unweit von München, in seinem Geburtsort Kochel, wo er am See ein großes Gelände mit mehreren Häusern besaß, und in Weinfelden im schweizerischen Thurgau, wo er 1971 eine Burgruine erworben, wieder aufgebaut und zu einem Museum für seine Kunstsammlungen hergerichtet hatte. Wenn man so will, war August Finck für seine Gattung eine atypische Erscheinung. Die Kommerzienräte der Gründerzeit machten ihr Geld in der Stadt und erwarben Landsitze als Statussymbole. August Finck ging den umgekehrten Weg. Als präsumptiver Landwirt geboren und erzogen, wechselte er, durch die Umstände gezwungen, nur zögernd in Bankgeschäft und Industrie. Auch als Bankier leitete ihn sein bäuerlicher Instinkt. Sein Streben ging eher dahin, das Überkommene zu bewahren als es zu mehren. Daß er ein Spekulant sei, war der schwerste Vorwurf, der ihm je gemacht wurde. Er verwand ihn niemals und zwang Rufmörder zur Kapitulation und Buße. Als Anleger eigener und fremder Kapitalien übervorsichtig, war ihm die Unterstellung, er gehe Spekulanten-Risiken ein, unerträglich. Sie ging ihm gegen seine bäuerliche Ehre. Eine Katastrophe, wie sie die Kölner Privatbank von Ivan Herstatt durch nicht gedeckte Engagements auslöste, war in seinen Augen ein Makel, der das ganze Gewerbe traf. Und er tat das seine, um die Leitung des hinter der Herstattbank stehenden Gerling-Konzerns zu überzeugen, daß ein ehrenhafter Bankier »bis zum letzten Hosenknopf« für Einlagen haften müsse. Das Ende der Frankfurter Hengst, Münchmeyer, Schröder-Bank hat er nicht mehr erleben müssen. Es hätte ihn noch mehr in seiner Auffassung bestärkt, daß die Bäume nirgendwo in den Himmel wachsen oder, wie er sagte, daß kein Faß so tief ist, als daß es nicht ausgeschöpft werden kann, und Wagnisse überschaubar bleiben müssen. Den Einsatz, den er von anderen verlangte, leistete er selbst. Als sein Bankhaus vom Niedergang des saarländischen Stummkonzerns in Mitleidenschaft gezogen wurde stand August Finck zu den Verpflichtungen seines Instituts. Er konnte dies, weil er im Unterschied zu manchen anderen Finanziers vorgesorgt hatte, daß ihm genug »Hosenknöpfe« blieben.

Auch äußerlich glich August von Finck mehr einem Landmann als einem Städter. Ich begegnete ihm zuerst 1970 im Hause des früheren Botschafters Hasso v. Etzdorf, der in der Nähe von Glonn seinen Ruhestand verbrachte. Traditionsgemäß begann der zwischen Weihnachten und Neujahr stattfindende Abend mit einer roten Bowle, die der Ostpreuße Etzdorf mit der kundigen Hand zu brauen wußte, wie sie bei diesem Tun nur Menschen von jenseits der Elbe zu eigen ist. August von Finck hatte sich unübersehbar an der Wand des Wohnzimmers postiert, in der einen Hand das Bowleglas, in der anderen eine Havannazigarre. Wie er so dastand, in sich verhalten, den Blick über die Gäste schweifend, unverrückbar und stark, erinnerte er mich an die Riesenstatue des hölzernen Hindenburg, die, während des Ersten Weltkrieges in Berlin aufgestellt, mit Nägeln beschlagen wurde, die in Gold, Silber und Eisen erworben werden konnten, zugunsten eines Fonds für die Kriegskosten. Finck suchte keine Gesprächspartner, noch wich er ihnen aus. Ein Journalist hat von einem Empfang in Bonn einmal berichtet: »Unter Herren über mehr als 1000 Milliarden Bilanzsumme war der Bankier Finck allein. Er blickte sie an wie Picasso, wenn er seinem Anstreicher beim Kalken des Treppenhauses zusah.«

Ich entschloß mich, ihn anzusprechen, und habe diese Initiative niemals bereut. Wer August Finck näher kennenlernte, begegnete einem Mann, der eisern zu seinen Grundsätzen stand, aber ebenso flexibel sein konnte. Er war ein Meister des Understatement, wie Presseleute zu ihrem Leid immer wieder erfahren mußten, wenn sie den in ihren Augen »reichsten Mann Deutschlands« in die Zange zu nehmen versuchten und Finck sie mit Bonmots abfertigte, die auf vieles Antwort gaben, nur nicht auf das, was Reporter von ihm wissen wollten. Als er gefragt wurde, was er mit dem Erlös aus dem Verkauf seiner Anteile an den Stahlwerken Südwestfalen und Witten zu tun gedenke, meinte er trocken, einiges habe er schon angelegt. »Aber es ist noch etwas übrig.« Zu den Ergebnissen seiner Bank Stellung nehmend, beschied er: »Der Ertrag deckt Lebensbedürfnisse. Es braucht im Grunde pro Jahr nur das verdient zu werden, was der Vater, meine Schwester, die Söhne und die Familie für ein bürgerliches Leben und zur

Bezahlung der Steuern nötig haben.« Von Auslandsbeteiligungen hielt er wenig: »Was im Lande verdient wird, soll im Lande bleiben.« Hinter solchen Äußerungen verbarg sich die Lebensweisheit eines Mannes, dessen Privatvermögen auf vier Milliarden DM geschätzt wurde und dessen Bank bei einem Kapital von nur 50 Millionen eine jährliche Bilanzsumme auswies, die im letzten Jahrzehnt August von Fincks zwischen 1,4 und 2 Milliarden DM lag.

Seinen industriellen und landwirtschaftlichen Unternehmungen, seiner Bank widmete Finck einen Arbeitstag, der selten 18 Stunden unterschritt. Von Mitbestimmung hielt er wenig. Auch in der Familie regierte er ziemlich unumschränkt. Er hatte aus zwei Ehen vier Söhne und eine Tochter. Besonders nahe standen ihm seine Schwiegertochter, geb. Saint Paul, und seine Stieftochter, geb. Bibra, die seine zweite Frau in die Ehe gebracht hatte und die sich im Münchner Beckverlag als Lektorin einen Namen machte, bis sie Herrn von Körber heiratete, der in den Vorstand von BMW aufrückte. Frau Gerda von Finck, eine kluge und anziehende Frau, hatte als Ärztin praktiziert, bevor sie die Ehe mit Finck einging. Sie verfügte über Erfahrungen im Umgang mit Menschen, die dem Lebensbund mit dem nicht einfach zu handhabenden Bankier zugute kamen. An seine Söhne, von denen Wilhelm die Düsseldorfer Filiale der Firma übernahm, während »Gustl« mit dem Neffen Wilhelm Winterstein dem Vater in München zur Hand ging, stellte er die gleichen Ansprüche wie an sich selbst. »Kommanditisten kann ich mir nicht leisten. Sie arbeiten nicht für die Verzinsung ihres Geldes.« Diese Losung hielt er auch für seine Nachfahren bereit, als sie in die Bank aufgenommen wurden.

August von Finck haßte Indiskretion und scheute Publizität. Daß der introvertierte Mann sich mir ungeachtet meiner

Profession als Schriftsteller und Journalist aufschloß, danke ich vor allem dem Umstand, daß ich niemals den Versuch unternahm, seine Geschäfte als Thema unserer Gespräche zu wählen. Wir redeten über Politik und vor allem über Kunst, der seine tiefe Neigung gehörte, und die ihn in eine der bittersten Erfahrungen seines Lebens verstrickt hatte. Als Adolf Hitler bald nach der Machtergreifung München einen offiziellen Besuch machte, drückte er den Wunsch nach Errichtung eines »Hauses der Kunst« aus, eines repräsentativen Ausstellungsgebäudes, für das er einen Streifen des Englischen Gartens als Ort bestimmte. Für die Münchener Stadtväter war ein Wunsch Hitlers dasselbe wie ein Führerbefehl. Ihm nachzukommen, fehlte jedoch das Geld. So wandte sich die Stadt an August von Finck, dem es gelang, in der Wirtschaft und aus eigenen Mitteln 12 Mio. Reichsmark für den Bau des Kunstpalastes zu sammeln, der München bis heute seine Dienste tut. Im bürgerlichen »Stresemann«, eingerahmt von Hitler und Heß, wohnte Finck der Einweihung bei.

Als nach 1945 die Entnazifizierung einsetzte, mußte Finck für die Hilfe, die er seinen Mitbürgern geleistet hatte, mit Haft und anderen Schikanen büßen. Die Erinnerung an diese Gemeinheit hat ihn jahrelang bewegt und mit dazu beigetragen, daß er sich harthörig zeigte, wenn die Stadt nach dem Kriege materielle Opfer von ihm verlangte. Zu dieser Verbitterung kam Fincks Verärgerung über die Art und Weise, mit der in Kochel ein ortsfremder Bürgermeister auf seinem Seegrundstück einen öffentlichen Uferweg anlegen wollte. Nachdem Finck Anlandungen hatte ausbaggern lassen, betrieb die Gemeinde das Projekt, an seinem Besitz vorbei einen Damm aufzuführen, eine Umgehung seiner Eigentumsrechte, die dann vor Gericht verworfen wurde. Nach dem Prozeß kommentierte er: »Ich sehe hier nicht die Rettung eines Eigentumteils, sondern muß Dummheiten verhindern. Die wollten diesen Damm auch noch auf Kosten der Steuerzahler bauen. Man muß sich wehren in der heutigen Zeit.« Die Episode aber ließ in Finck den Entschluß reifen, seine Kunstsammlung nicht wie geplant auf seinem Kocheler Besitz unterzubringen, sondern in der Schweiz.

Die Burg Weinfelden im Thurgau war 1180 erbaut worden und im Besitz großer Geschlechter wie der Fugger und der Gemmingen gewesen. Die Stadt Zürich erwarb sie 1614, um von diesem Stützpunkt die Sache der Reformierten zu unterstützen, was den Protestanten Finck ansprach. Später nahm der Obervogt von Zürich dort seinen Wohnsitz. Ihre malerische Lage an einem Berghang lockte immer wieder Interessenten an, unter ihnen die Kammersängerin Anneliese Rothenberger. Als August von Finck den Zuschlag erhielt, war die Burg wenig mehr als eine von weiterem Verfall bedrohte Ruine. 1971, das Jahr des Ankaufs, muß für Finck ein einträgliches Jahr gewesen sein. Er pflegte sich persönliche Wünsche nur zu erfüllen, wenn die Bank gut verdient hatte. Gelegentlich kaufte er Kunst auch, wenn die Menschen ihn enttäuschten. Dabei sah er nicht nur auf erste Qualität, sondern auch auf die Preise. Finck überzahlte nichts und schied zum Entsetzen des Kunsthandels als Käufer ganz aus, als Bieter aus Japan und den Ölländern anfingen, die internationalen Auktionen zu dominieren. Der Wiederaufbau von Weinfelden vollzog sich in größter Heimlichkeit, wobei sich Finck um jedes Detail kümmerte. Er war stolz darauf, seinen Namen mit der Tradition der zwölf Vorbesitzer verbinden zu können, deren im Rittersaal erneuerten Wappen er das seinige hinzufügte.

Meine Frau und ich gehörten mit dem ehemaligen Protokollchef Freiherrn Sandro von Dörnberg, den Finck in der Internierung kennengelernt hatte, und der Baronin Dörnberg zu den ersten Freunden, denen Finck die von ihm neu geschaffene Burg und die darin aufgehobenen Herrlichkeiten zeigte. Er lud uns zum Wochenende nach Weinfelden ein. In St. Gallen holte uns der berühmte VW-Käfer ab, mit dem sich der gewichtige Bankherr jahrein jahraus von Möschenfeld in sein Münchener Büro chauffieren ließ, bis er seiner Frau zuliebe das unansehnliche Fahrzeug mit dem Mittelklassewagen Audi 100 vertauschte. Finck war ähnlich wie der alte Flick für seine Person bedürfnislos. Protz war ihm zuwider. Bei Flugreisen begnügte er sich mit einem schmalen Sitz in der Economyklasse. Nach einem Autounfall ließ er sich in der III. Klasse eines Krankenhauses behandeln. Der Fahrer, der seinem Herrn auch als Diener aufwartete, legte auf den Sitz neben sich einen großen Revolver, um, wie er sagte, für alle Fälle gewappnet zu sein. Es war die Zeit der Ermordung von Jürgen Ponto und der Entführung von Hanns-Martin Schleyer, ein Schicksal, das damals vielen wohlhabenden Männern drohte und für das Finck die Bestimmung getroffen hatte, daß Erpressern, die sich seiner bemächtigten, auf keinen Fall nachgegeben werden dürfe. Von Maßnahmen, die Sicherheit seiner Person betreffend, hielt er wenig. So schaltete sich die Nachtbeleuchtung seines Hauses in Möschenfeld nur ein, wenn er, durch ein verdächtiges Geräusch aufgescheucht, einen Schaltknopf auf seinem Nachttisch betätigte. Als ich ihm sagte, an den meisten Häusern brenne sie doch die ganze Nacht, gab er vor, nicht unnötig auffallen zu wollen. Leute, die Finck etwas anhängen wollten oder sich darüber ärgerten, daß er nach seinen eigenen Worten sein Leben so führte, daß niemand Anstoß daran nehmen konnte, haben ihn einen Geizkragen genannt. Wenn das zutrifft, so doch wohl nur für eine Sphäre, die niemand zu beurteilen vermochte. Als Merck, Finck & Co. ihr hundertjähriges Firmenjubiläum begingen, mietete der Bankier die Münchener Oper, ließ das Royal Ballet aus London einfliegen und bewirtete seine Gäste fürstlich. Als Souvenir nahmen sie eine Nymphenburger Porzellanfigur mit, einen Merkur, der, eigens für diesen Abend angefertigt, über den Handel nicht erhältlich war. Zu meinem 70. Geburtstag schleppte der alte Herr Kreisels berühmtes Werk über das deutsche Möbel heran, drei gewaltige, sündhaft teure Folianten. Ein anderes Mal schenkte er uns eine Veröffentlichung über Axel Springers Besitz Schierensee, ebenfalls eine bibliophile Kostbarkeit.

Seine Freude an der Kunst war frei von jedem Neid. Er genoß es, in einem schönen Milieu zu weilen, und übte sachverständig Kritik, wenn ihm etwas nicht konform erschien. So bemängelte er als im Stil zu bäuerlich die roten Kerzen in der Halle meines Chiemsee-Hauses. In Weinfelden hielt er streng auf Formen. In dieser Bergfeste, die er in Anlehnung an die strengen Bestimmungen des Schweizer Denkmalschutzes hatte wiederherstellen lassen, öffneten sich Einblicke in Fincks Liebhabereien. Sie enthielt Sammlungen, wie sie in dieser Reichhaltigkeit allenfalls in staatlichen Museen zu sehen sind. Finck hatte die größte Kollektion von Hinterglasmalereien zusammengetragen. Objekte von einer Schönheit, wie ich sie nirgendwo sonst gesehen habe. In der Vitrine des Speisezimmers von Weinfelden prunkte ein Meissener Jagdservice, das einmal Katharina der Großen gehört hatte und von den Sowjets in den internationalen Kunsthandel geschleust worden war. In Lothringer Eichenschränken verwahrte Finck einige hundert der feinsten Brüsseler Spitzen. Viele seiner Bijous waren unter Glas in einem kapellenähnlichen Raum ausgestellt, zu dem nur der Hausherr den Schlüssel besaß. Privilegierten Gästen wurden auch Fincksche Heiligtümer vorgeführt, die tief unter der Erde im Tresor des Burgkellers abgelegt waren – Blätter von Dürer und mittelalterlichen Graphikern, denen Fincks Liebe gehörte. Der greise Sammler fuhr dann selbst mit einem Lift in die Tiefe und holte die Mappen mit seinen Schätzen in den ersten Stock, wo sie in einem Salon mit schönen Empire-Möbeln ausgebreitet wurden. Vorkehrungen, die Finck für sich selbst verschmähte, gab es in Weinfelden für seine Kunstschätze. Die im Schloß gehüteten Werte wurden durch die modernsten Sicherheitseinrichtungen geschützt. Zur Polizei im Ort lief eine direkte Alarmleitung. Im mittelalterlichen Burggraben aber patrouillierte ein Wachhund, der so scharf war, daß ihn nicht einmal die Kinder des Kastellans anfassen konnten. Die Kunstsammlungen wurden in eine Stiftung eingebracht, die nach dem Tode Fincks an den Schweizer Staat gehen sollte. Wenn Finck in Weinfelden weilte, begleiteten ihn Koch und Fahrer aus Deutschland. Sie sorgten für sein leibliches Wohl und das der wenigen Gäste, die in dieser Gralsburg zugelassen wurden. Finck aß gut, aber keineswegs üppig. Einen Cognac ließ er nicht aus. In Weinfelden wurden wir mit Languste, Schildkrötensuppe, Ente und Erdbeeren bewirtet, zu denen Madeira, 1976 Aigle, 1974 Bachtobler und 1973 J. Oppermann Ayler Kupp eingeschenkt wurden, ein vorzügliches Diner, aber doch bescheiden, verglichen mit den Schmausereien, die an Regierungstafeln üblich sind. Zu den Auflagen, die die Schweizer Behörden dem deutschen Schloßherrn machten, gehörten Führungen durch die Burg für die Mitglieder von Vereinigungen, die Tagungen in der Nachbarschaft abhielten. So mußte der alte Herr, der in Weinfelden die Einsamkeit suchte, gelegentlich mit lärmenden Besuchergruppen unter seinem Dach vorlieb nehmen. In Möschenfeld schützte er sein Haus vor unerwünschten Gästen durch den Dorfkrug, den er erworben und restauriert hatte. Dort hielt er gelegentlich auch selbst Veranstaltungen ab.

August von Finck starb in der Nacht zum 22. April 1980, wie er gelebt hatte, an seinem Schreibtisch. Gegen 2 Uhr morgens fand ihn ein Diener, durch den Lichtschein alarmiert, in sich zusammengesunken, leblos an seinem Arbeitsplatz. Als Todesursache wurde Herzinfarkt festgestellt. August von Finck war gefällt worden wie ein Baum, mit dem man ihn manchmal verglichen hatte. Ein Nachruf rühmt ihm Tugenden nach, die tief ins 19. Jahrhundert reichten und deren Qualitäten erst unter dem Geröll modernen Fortschrittglaubens entdeckt werden müssen.

KARL ANTON PRINZ ROHAN
1898–1975

»Meine Uhren gehen anders.« Mit diesem Satz pflegte Karl Anton Rohan Diskussionen abzuschneiden, die er nicht fortzusetzen gedachte. Unter den Nonkonformisten, mit denen ich verkehrt habe, gab es keinen, der sich Kompromissen weniger aufgeschlossen zeigte als dieser französische Prinz, der als Österreicher fühlte und einer der bedeutendsten politischen Publizisten deutscher Zunge zwischen den Weltkriegen war. Eigenwilligkeit begleitete ihn von Jugend an als Reaktion auf die Erziehung durch einen Vater, der nur einen Vorgesetzten anerkannte, den Kaiser, und sonst zwischen Gleichgestellten und Untergebenen unterschied. Dabei ließ er keinen Zweifel darüber aufkommen, daß er seine Kinder, von denen er militärische Haltung verlangte, zu den letzteren zählte. Sie war aber auch das Erbgut eines Geschlechts, das sich die Devise erwählt hatte: Roy ne puys, Duc ne daygne, Rohan suys (König kann ich nicht, Herzog mag ich nicht sein, Rohan bin ich).

Karl Antons Vater war der Chef dieser tausendjährigen Familie, deren Stammreihe auf die bretonischen Könige zurückgeht. Er vereinigte neunzehn hohe Würden, unter ihnen die Herzoghüte von Montbazon und von Bouillon und die Kronen der Fürsten von Guémenée, von Montauban und von Rochefort. Sie gehörten einem Haus, das mit der erblichen Pairswürde in Frankreich ausgestattet war und viele bedeutende Menschen hervorgebracht hatte. Unter ihnen befanden sich die Hugenottenführer Henri von Rohan-Léon und sein Bruder Benjamin, Prinz von Soubise: Marie Rohan, Herzogin von Chevreuse, die ihr Biograph Batiffol die größte Intrigantin des 17. Jahrhunderts nannte und die durch ihren Geist, ihre Schönheit und ihren politischen Einfluß berühmt war. Louis, Fürst Rohan-Guéménée, rebellierte gegen Ludwig XIV. und wurde hingerichtet. Louis René Eduard aus der gleichen Linie, Fürstbischof von Straßburg und Kardinal, versuchte die Gunst der Königin Marie-Antoinette durch ein kostbares Halsband zu erschleichen und rief einen Skandal hervor, der einen tiefen Schatten auf das Regnum Ludwigs XVI. warf und dazu beitrug, der Revolution den Weg zu ebnen.

Weil die Uhren der Rohans anders gingen als die der Revolution, verließen sie ihre französische Heimat und machten sich in Böhmen seßhaft. Sie erwarben die Herrschaft Sichrow in Nordostböhmen, heirateten in den habsburgischen Hochadel und erhielten einen Sitz im Herrenhaus. Karl Anton Rohans Mutter war eine Tochter des Fürsten Karl Auersperg, der 1871–79 österreichischer Ministerpräsident war und den Ausgleich mit Ungarn durchführte.

Er selbst vermählte sich mit der Gräfin Marie Apponyi, einer Tochter des ungarischen Staatsmannes Albert Apponyi, und führte mit dieser »unvergleichlichen« Frau eine glückliche Ehe. Ihren frühen Tod hat er niemals verschmerzt.

Über seine Jugend sprach Karl Anton selten, wie denn seinem Gegenwart und Zukunft verpflichteten Geist Nostalgie fremd war. In seinen Lebenserinnerungen, die 1954 unter einem Titel erschienen, der seinen politischen Standort andeutete (»Heimat Europa«, Eugen Diederichs-Verlag), schildert er das Milieu seiner Kindheit. Es war von jenem hochherrschaftlichen Stil geprägt, der auf böhmischen, ungarischen und polnischen Schlössern viel eindrücklicher gepflegt wurde als im Reich, wo es zwischen der Kargheit östlicher Gutshaushalte und der operettenhaften Aufmachung westdeutscher Duodezhöfe wenig Zwischentöne gab. Seine Eltern pflegten eine Geselligkeit, bei der fast immer die gleichen Leute eingeladen wurden. Um das Menü kümmerte sich nicht die Mutter, sondern der Vater. Neben seinem Gedeck lag ein Schreibblock, auf dem er sich über die Qualität der Speisen Notizen machte, um mit dem Koch darüber zu sprechen.

Heiraten waren eine familienpolitische und keine individuell private Angelegenheit. Für »voll genommen« wurden nur der Familienchef und sein erstgeborener Sohn. Seine jüngeren Brüder waren »niederen Ranges«, was auf Karl Anton zutraf. Nicht er, sondern der fünf Jahre vor ihm geborene Prinz Alain erbte das 12000 Hektar umfassende väterliche Fideikommiß und alle Titel des Familienoberhauptes. Da Alain sechs Töchter, aber keinen Sohn zeugte, wäre nach dem Familiengesetz das Erbe in der folgenden Generation auf den nächsten Agnaten, in diesem Fall den älteren der beiden Söhne Karl Antons, übergegangen. 1945 machte diesen Erbgang hinfällig. Zwar wurde Prinz Karl Alain, der Erstgeborene Karl Antons, nach dem Tode seines 1976 verstorbenen Onkels Fürst Rohan und 14. Herzog von Montbazon, aber statt der böhmischen Standesherrschaft, die die Tschechen nach dem Kriege enteignet hatten, übernahm er die Österreich-Vertretung des britischen Leylandkonzerns. Der jüngere Sohn ging in den diplomatischen Dienst der Wiener Republik. Einmal mehr bestätigte sich eine Erfahrung, die Karl Anton immer wieder machen mußte. Das Schicksal meinte es nicht allzu gut mit ihm.

Eine weniger starke und weniger gläubige Natur hätte die Zäsuren kaum ausgehalten, denen das Leben dieses außerordentlichen Mannes unterworfen wurde.

1922 hatte Rohan in Wien den Kulturbund gegründet und war ständiger Generalsekretär der »Fédération des Unions Intellectuelles« in Paris geworden. 1925 rief er die Zeitschrift »Europäische Revue« ins Leben. 1929 wählte ihn der »Österreichische Klub« zu seinem Vizepräsidenten. Aus dieser Zeit stammen zahlreiche Publikationen, in denen Rohan sich für den Europagedanken einsetzte und für Völkerverständigung warb. Nur etwas über dreißig Jahre alt, hatte er einen publizistischen Ruhm gewonnen, der anderen erst als reifen Männern zuteil wird.

Ich lernte ihn zu einem Zeitpunkt kennen, als sich das Ende dieser kometenhaften Karriere abzeichnete, im Österreichischen Schicksalsjahr 1934. In dem kleinen Land herrschten bürgerkriegsähnliche Verhältnisse, die am 25. Juli mit dem Versuch eines Staatsstreiches und der Ermordung des Bundeskanzlers Engelbert Dollfuß im Kaunitzpalais, seinem Wiener Amtssitz, ihren Höhepunkt erreichten. Karl Anton Rohan gehörte damals mit dem Bankier Philipp v. Schöller, dem Industriellen Werner Schicht, dem Journalisten Gilbert in der Maur, dem Feldmarschalleutnant a.D. Dr. Carl Freiherr v. Bardolff, dem Oberst a.D. Edmund Glaise von Horstenau und den Grafen Adolf Dubsky, Hans und Max Hardegg zu einer Gruppe großdeutsch-gesinnter Österreicher, die sich über den Ernst der innenpolitischen Entwicklung keinen Illusionen hingaben. Sie dachten über die Möglichkeit nach, wie sich geordnete Verhältnisse wiederherstellen ließen in einem Kleinstaat, der, Nacht für Nacht Bombenanschlägen ausgesetzt, am

Erbe seiner imperialen Vergangenheit schwer trug, zum Leben zu schwach und zum Sterben zu kräftig war.

Mit den aus München und Berlin geführten »Illegalen«, von denen das christlich-soziale Regime viele im Konzentrationslager Wöllersdorf verwahrte, sympathisierten sie nicht. Noch waren sie am Juliputsch beteiligt. Was ihnen vorschwebte, war eine Umbildung der österreichischen Regierung durch Hereinnahme von Männern, die ihre großdeutsche Gesinnung über das klerikale Engagement stellten. Außenpolitisch suchten sie engere Anlehnung an das Reich, mit dem sie Österreich wirtschaftlich, aber nicht staatlich zu verflechten gedachten. Rohan, der mit dem Gedanken gespielt haben mag, in einem umgebildeten Wiener Kabinett sich um die Außenpolitik zu kümmern, konnte sich auf Ignaz Seipel berufen, der als Gründer des österreichischen Reststaates galt und ihm 1922–1929 fünfmal als Bundeskanzler gedient hatte. Seipels außenpolitisches Leitmotiv war »Keine Kombination ohne, jede Kombination mit Deutschland«. Seipel bewegte sich in der großösterreichischen Gedankenwelt des Fürsten Felix Schwarzenberg und sah im Anschluß an das Reich und einer von Österreich geführten Donauföderation keine Gegensätze. Er hielt eine Verbindung beider für möglich, die das deutsche Volk als Mitgift in ein großes europäisches System einbringen sollte. Diese Konzeption fand in Rohan einen idealen Interpreten. Sie entsprach seinem Europäertum und dessen österreichischen und französischen Wurzeln.

Die Ereignisse vom 25. Juli 1934 zogen unter solche Vorstellungen einen brutalen Schlußstrich.

Für den Augenblick triumphierte der von Rom unterstützte »Austrofaschismus«. Die Berufung Kurt von Schuschniggs als Nachfolger von Dollfuß und die Entsendung Franz von Papens als Hitlers Sonderbotschafter nach Wien schufen eine neue Situation. Rohan und seine Freunde gerieten ins politische Abseits. Daß es nur eine Frage der Zeit sein konnte, wann Hitler sich Österreichs bemächtigte, war nun offenkundig. Option für Deutschland, die unter Dollfuß als Hochverrat durchgehen mochte, wurde unter Schuschnigg Landesverrat. Der österreichische Adel stand im Lager des habsburgischen Legitimismus oder betätigte sich in der Heimwehr, die von einem Condottiere aus seinen Reihen, dem Fürsten Ernst-Rüdiger Starhemberg, geführt wurde. Rohan ging in die innere Emigration. Die europäische Morgenröte, die er im Wiener Salon der Gräfin Elsa Thurn und im Frankfurter Haus der Frau Lily von Schnitzler verkündet hatte, die er französischen Denkern, italienischen Politikern, englischen Staatsmännern und selbst Mitgliedern des Moskauer Politbüros nahezubringen suchte, verschwand hinter Wolken, aus denen die Blitze kommender Krisen zuckten. Anschluß Österreichs und des Sudetenlandes, Errichtung eines deutschen Protektorats über die Resttschechei, Heimkehr Memels, Danzig und Polen beherrschten die europäische Szene. Sie verurteilten Männer, die sich gewaltsamen Lösungen nicht verschreiben wollten, zu Untätigkeit und Abwarten.

Rohan war Österreicher, Deutscher und Europäer in einem. Er war weder Mitläufer noch Opportunist. Als wir in jenen Jahren einmal über die Möglichkeit sprachen, ihm eine Stellung zu verschaffen, die seiner Herkunft und seinen Fähigkeiten entsprach, machte ich mich stark, ihn in Berlin als deutschen Botschafter in Paris oder Rom ins Gespräch zu bringen. Er lehnte brüsk ab. Als Kosmopolit sah er in Europa sein Betätigungsfeld, aber er hielt an Österreich, der Wahlheimat seiner aus Frankreich gekommenen Familie, mit zähem Patriotismus fest. Eine politische Betätigung, die ihn von Österreich entfernte, lag außerhalb seiner Erwägungen. Die Anziehung, die so viele Nichtdeutsche, Spanier und Italiener, Ungarn, Böhmen und Polen, Niederländer und Franzosen in den Dienst der Habsburger geführt hatte, wo sie sich der Oberschicht der deutschen Nation integrierten, entließ ihn keinen Augenblick. Daß mit dem Sturz der Dynastie und dem Ende einer universalen Reichstradition die Voraussetzungen einer solchen Einschmelzung sich radikal verändert hatten und ein Rohan nicht anders als Ignaz Seipel sich in der Republik von St. Germain als Fremdling fühlen mußte, störte ihn nicht. Er weigerte sich, persönliche Konsequenzen zu ziehen wie sein Standesgenosse Graf Richard Coudenhove-Kalergi, der sich vom Österreichertum weitgehend gelöst hatte und ein Weltbürger geworden war. Karl Anton Rohan krallte sich um so fester in den steinigen Boden der Alpenrepublik, die Angehörige des Hochadels der früheren Monarchie nur im Narrenkostüm des Grafen Bobby tolerierte.

Karl Anton Rohan war durch die Exklusivität einer Welt geprägt worden, die in sich selber ruhte, deren Verhältnis zu Untergebenen von einer »heute kaum vorstellbaren Distanz« bestimmt war und deren Verkehr mit anderen Gesellschaftsschichten nicht dem zwischen »stärkeren und schwächeren Lebewesen« glich, sondern zwischen »Lebewesen verschiedener Art«. Karl Anton Rohan hat diese Distanz niemals zu überwinden vermocht. Sie warf ihren Schatten auf seine schriftstellerische und politische Laufbahn und trug dazu bei, ihn immer wieder gegen den Strom schwimmen zu lassen. Ich habe nicht viele Menschen gekannt, die von Berufs wegen so auf Kontakt angewiesen waren wie dieser Alt-Österreicher, der, für ein Herrenleben bestimmt, dem Kampf um das tägliche Brot nicht ausweichen konnte. Sein Rüstzeug für dieses Ringen rostete mit den Jahren. Er wurde zunehmend kontaktscheu. Zwar konnte er noch hinreißende Briefe schreiben, wenn ihn etwas erfreut hatte wie die Besprechung eines seiner Bücher, die ich 1955 in der Zeitschrift »Außenpolitik« veröffentlichte. Im übrigen geizte er mit Dank an Leute, die ihn verehrten. Es fiel schwer, sich vorzustellen, daß der wortkarge, etwas griesgrämig dreinschauende Mann in jungen Jahren von einem Temperament getragen war, das ihn zum Tanz aufspielenden Zigeunern die Geige aus der Hand nehmen ließ, um selbst den Strichbogen zu führen.

Als 1945 die große Abrechnung kam, wurde Rohan nicht ausgespart. Die ihm zugefügten Demütigungen ertrug er ohne Proteste oder den Versuch der Rechtfertigung. Dies fiel ihm um so leichter, als seine Richter Amerikaner waren. Sie stießen ihn von Verhör zu Verhör, von Gefängnis zu Gefängnis. Gleichwohl wog die amerikanische Haft leichter als die russische, die oft den Tod bedeutete. Sie schmerzte auch weniger als ein französischer oder britischer Kerker, in dem ein europäischer Homo politicus wie Rohan die bittersten Enttäuschungen erfahren hätte. Was verstanden die Amerikaner schon von der komplizierten Problematik Europas zwischen den Kriegen, in die sich der Sohn eines böhmischen Fürsten und Urenkel französischer Herzöge verstrickt hatte. Der langen Haftzeit verdanken Rohans Memoiren eines ihrer bedeutsamsten Kapitel. »Im Gefangenenstand befindet sich der Mensch auf der untersten Stufe des Daseins«, notierte er und verglich sein Schicksal mit dem von Menschen der Antike, als ganze Völker in die Sklaverei verschleppt wurden. Eine solide physische Konstitution, die dem zartgebauten Mann bis kurz vor seinem Tod jede Nacht zwölf Stunden tiefen Schlafes gönnte, ließ ihn alle Strapazen überstehen. Von der spartanischen Lebensweise, die ihm im Kerker auferlegt wurde, hat er sich nicht wieder getrennt. Seine letzte Wohnung in der Salzburger Morzgergasse glich eher einer Mönchszelle als dem Heim eines Schriftstellers, den das Vorkriegseuropa verwöhnt hatte.

Sein Widerspruchsgeist blieb bis zuletzt lebendig und konnte in Rechthaberei ausarten, die selbst seinen politischen Freunden wie Glaise Horstenau auf die Nerven ging. So, wenn er die scheußliche Hochhausarchitektur im Salzburger Bahnhofsviertel pries. Er hatte Salzburg als Wohnort gewählt, weil es weit weg von Wien lag, wo er politisch gescheitert war, und von seinem verlorenen Besitz Albrechtsberg. Es lag nahe zu Westdeutschland, mit dem er Kontakte pflegte. Die Atmosphäre der Stadt war musisch, barock und neuzeitlich weltlich, was seinem Wesen entsprach.

Rohan hörte nie auf zu schreiben. In der deutschen Frage traf er oft ins Schwarze. Frankreich war seinem gallischen Rationalismus vertraut. Mit den Angelsachsen kannte er sich weniger gut aus. Er suchte die Ursache für den Niedergang Großbritanniens nicht in den Weltkriegen, die die Engländer ermüdeten, sondern in der gestiegenen Potenz der Supermächte oder gar der Entwicklungsländer. Seine Stärke blieben geschichtliche Analysen, die den vollen Einsatz seiner reichen Bildung und Lebenserfahrung gestatteten. Was Karl Anton Rohan vorbrachte, war immer anregend, wenn auch nicht in jedem Fall überzeugend. Es kam aus den Überlegungen eines Einzelgängers, in dem die Brillanz französischen Geistes eine Verbindung mit deutschem Streben nach Tiefe eingegangen war. Karl Anton Prinz Rohan empfand seine Zeit nicht als Verhängnis, noch bedeutete sie ihm Glück. Er trug sie als Bürde auf Schultern, die bisweilen fröstelten.

Von Lenin zu Habsburg

WILLIAM S. SCHLAMM
1904–1978

Im Alter von sechzehn Jahren wurde er von Lenin im Kreml empfangen. Der Revolutionär ermahnte ihn zur Schläue und machte sich eine Notiz über seinen Besuch. Seinen siebzigsten Geburtstag beging er im Münchener Hotel »Continental«. An der Festtafel rahmten ihn zwei Prätendenten ein, der österreichische Kaisersohn Otto und der Chef des Hauses Wittelsbach, Herzog Albrecht von Bayern. Der frühere Präsident des Deutschen Bundestages, Eugen Gerstenmaier, und Bundesminister Stücklen in Vertretung von Franz Josef Strauß waren unter den Gästen.

Zwischen solchen extremen Begebnissen spannte sich der Lebensbogen von William S. Schlamm, eines politischen Schriftstellers, der im deutschen Raum seinesgleichen suchte. Der am 10. Juni 1904 im galizischen Przemysl von jüdischen Eltern geborene und am 1. September 1978 in Salzburg verstorbene Publizist war durch alle Feuer gegangen, die einen streitbaren Geist härten können. Er hatte die Niederungen und die Höhen des Journalismus durchmessen und sich mit den politischen Viren infiziert, die Virtuosen der Feder anfallen. Die Galle seines Berufs hatte ihn nicht vergiftet. Er war ein Mensch geblieben, dessen Ausstrahlung sich niemand entziehen konnte.

Als Schlamm 1949 aus den Vereinigten Staaten nach Europa zurückkehrte, verkörperte er vieles, was die Linke vergötterte. Er war Jude, Kommunist gewesen, Österreicher und Amerikaner. Er durfte Dinge sagen, die nach 1945 keinem anderen Publizisten deutscher Sprache durchgelassen wurden. Mit achtzehn Jahren war er in die Redaktion der »Roten Fahne« eingetreten. 1931 ging er zur »Weltbühne«, deren Leitung er nach der Verhaftung von Carl von Ossietzky 1934 übernahm und von Berlin nach Prag verlegte. Im amerikanischen Exil hatte er für »Life«, »Time« und »Fortune« gearbeitet und Kontakt zu Henry Luce gewonnen, der ihm ein Kulturmagazin hatte anvertrauen wollen, was sich im letzten Augenblick zerschlug. Er hatte zu den Gründern der »National Review« gehört, einer Monatsschrift der USA, in deren Impressum er bis zu seinem Tode verzeichnet stand.

In Deutschland räumte ihm zunächst der »Stern« eine Kolumne ein. Aber Henri Nannen erlebte bald, daß er ein trojanisches Pferd in seinen Stall geholt hatte. Der Ex-Kommunist Schlamm entpuppte sich als ein militanter Konservativer. Er wechselte zur »Welt am Sonntag«, wo er die Leser durch seine geschliffenen Formulierungen entzückte und der Redaktion das Leben schwermachte. In den Schlammschen Leitartikeln tickten Zeitbomben. Gelang – meist ohne sein Wissen – ihre Entschärfung, so brach die Hölle los. Schließlich übernahm es Springers Generalbevollmächtigter Eberhard von Brauchitsch, das Blatt von einem Schriftsteller zu lösen, dem die Konfrontation ein Lebensbedürfnis war, der Herausforderungen nicht nur annahm, sondern suchte. Daß es in Deutschland ein Pressegesetz gab, das der Polemik, zumal gegen Personen, gewisse Riegel vorschob, ignorierte Schlamm souverän. Er verehrte Axel Springer. Er dachte jedoch nicht daran, darauf Rücksicht zu nehmen, daß die ihm zur Verfügung gestellte Sonntagszeitung auch Geld verdienen mußte und nicht mit jedermann anbinden konnte.

Nachdem das Fernsehen einen Vorschlag Schlamms in Erwägung zog, ihn einmal wöchentlich in einem politischen Streitgespräch mit dem »Spiegel«-Herausgeber Rudolf Augstein auftreten zu lassen, schien ihm ein neues Echo sicher. Aber der Plan gelangte nicht zur Ausführung. Die politische Redaktion der Anstalt fühlte sich einem Auftritt der beiden Antagonisten nicht gewachsen und fiel dem Intendanten in den Arm.

Schlamm visierte nun ein Projekt an, das ihn sein halbes Leben beschäftigt hatte, die Herausgabe einer eigenen Zeitschrift. Er wollte sie »Republik« nennen. Monatelang beschäftigten ihn Layout, Umbruch und Finanzierung. Was er an seinem Wohnsitz Lugano erdachte, brachte er Politikern in Bonn, Mäzenen in Düsseldorf und Axel Springer in Hamburg zu Gehör. Ich erinnere mich noch einer Sitzung im Godesberger Haus des Bundestagspräsidenten, bei der es hoch herging. In einem furiosen Plädoyer focht Schlamm für seine Sache, wobei er auf die politischen Empfindlichkeiten der Anwesenden keinerlei Acht hatte. Nach langem Kreißen wurde 1971 die »Zeitbühne« geboren. Sie bot konservativen Publizisten eine Plattform und wurde inhaltlich zwischen »Criticon«, einer von Caspar Schrenck Notzing und Armin Mohler für hohe Ansprüche konzipierten Postille, und dem populär gehaltenen »Deutschland-Magazin« Kurt Ziesels angesiedelt. Von beiden unterschied sie sich durch die Zusammensetzung der Autoren, die je zur Hälfte aus Österreichern und Reichsdeutschen bestand. Schlamm gewann Otto von Habsburg als Mitherausgeber, erfüllte sich so einen langgehegten Wunsch und führte der Zeitschrift eine Persönlichkeit von hohem Ansehen zu.

Eine kontinuierliche Entwicklung schien gesichert, auch wenn die von einer Fördergemeinschaft abhängige finanzielle Struktur der Zeitschrift labil blieb. Überdies wetterte Schlamm bisweilen gegen potentielle Geldgeber, die er politischer Kurzsichtigkeit, wenn nicht Schlimmeren anklagte. Auch ging seine Rechnung nicht auf, daß man nur die Auflagen von »Stern« und »Welt am Sonntag« zu addieren brauche, um das Potential seiner Leser zu errechnen. Einen schweren Stoß versetzte Schlamm seiner Schöpfung, als er den plötzlichen Entschluß faßte, die Eigentumsanteile am Verlag der »Zeitbühne« neu aufzuschlüsseln. Das führte zu einem Bruch innerhalb der Mitarbeiter. Ein Teil der Autoren verließ die »Zeitbühne« und gründete die »Epoche«. Tiefer als die Spaltung schmerzte es Schlamm, daß sich unter den Dissidenten sein alter Freund Winfried Martini befand, der zu den besten Federn der »Zeitbühne« gehört hatte. Die Krise war noch nicht ausgestanden, als Schlamm, durch die wochenlangen Aufregungen geschwächt, einem Herzinfarkt erlag. Auf dem Friedhof in Aigen hielt ich ihm die Grabrede und übernahm für einige Jahre die Leitung seiner Zeitschrift.

Ich war dem außerordentlichen Mann zuerst auf der Kölner Universität begegnet. Adenauer stellte damals die Bundeswehr auf, die »Ohne-mich«-Kampagne ging durchs Land und fand unter der studentischen Jugend turbulente Zustimmung. Um der defaitistischen Stimmung auf den Hochschulen zu steuern, hatte die Bundesregierung Schlamm verpflichtet, durch Vorträge aufklärend zu wirken. Den Abend, an dem ich den ersten Auftritt Schlamms erlebte, werde ich nie vergessen. Das Auditorium Maximum war bis zum Bersten gefüllt. Hunderte standen draußen und begehrten Einlaß. Die Stimmung der Wartenden war feindselig und explosiv. Als Schlamm erschien, empfing den kleinen Mann, der mit seinen übergroßen, durch eine Hornbrille verstärkten Augen einer Fledermaus nicht unähnlich sah, wüstes Gejohle. Unerschüttert erklomm er das Katheder und sagte einen einzigen Satz: »Meine Herren, Sie üben politische Rechte aus, nicht weil Sie, sondern *obwohl* Sie Studenten sind.« Er genügte, um die Ruhe augenblicklich wieder herzustellen. Die Versammlung spürte den Eishauch eines überlegenen Intellekts und duckte sich. Anderthalb Stunden hindurch hing sie an den Lippen des unerschrockenen Redners, der kein Tabu ausließ und den Studenten eine Gardinenpredigt hielt, wie sie ihnen noch nicht vorgekommen war. Als er endete, brach der halbe Saal in Beifall aus. Die andere Hälfte ging nachdenklich nach Haus. Schlamm hatte eine seiner Schlachten gewonnen.

Im Unterschied zu vielen Intellektuellen gebot er über physischen Mut. Jahre später legte er in meiner Gegenwart eine andere Probe seiner Selbstdisziplin ab. Vor einem Kreis von Notablen sprach er auf dem Wöllwarthschen Schloß Essingen bei Aalen in Württemberg über die in einem Wahlkampf anstehenden Probleme. Im Eifer des Dialogs mit einem geistlichen Diskussionsteilnehmer steckte er versehentlich seine brennende Zigarre in die Jackentasche. Bei dem Versuch, sie wieder hervorzuholen, griff er mit der hohlen Hand in den glimmenden Kopf und verbrannte sich so stark, daß ein Arzt gerufen werden mußte. Schmerzgekrümmt, aber ohne einen Klagelaut, setzte Schlamm die Aussprache fort.

Mit einer Wienerin glücklich verheiratet, die die Emigration mit ihm geteilt hatte, war Schlamm dem weiblichen Geschlecht zugetan und erwies ihm artige Komplimente. Anläßlich seiner silbernen Hochzeit machte er seiner Frau, wie er erzählte, das größte Geschenk, das ein Ehemann vergeben kann. Er befreite sie von der Pflicht, für ihn zu kochen! Das Ehepaar frühstückte reichlich und traf sich mittags in einem guten Restaurant, in das Schlamm aus einem Café eilte, wo er den Vormittag Zeitungen lesend verbracht hatte. Nachmittags und abends saß er am Schreibtisch, ohne seine Arbeit durch eine zweite Mahlzeit zu unterbrechen. Er verreiste gern allein, liebte Kreuzfahrten auf Luxusschiffen und frönte in Monte Carlo seiner heimlichen Leidenschaft, dem Roulette. Er war ein anspruchsloser Hausgast, der an aristokratischem Milieu seine Freude hatte. Er lud gern Gäste ein in Wirtschaften, die er in Salzburg und im Gebirge aufsuchte. Das Kaffeehaus bedeutete ihm viel. Er widmete ihm Elogen voll Nostalgie an vergangene Wiener Zeiten. Gegenstand seiner tiefsten Verachtung war das zeitgenössische Kabarett. Er warf ihm Einfallslosigkeit und Feigheit vor, womit er ins Schwarze traf. Er geißelte deutsche Kleinbühnen, die ihre Witzeleien auf Kosten von Toten bestreiten oder von Leuten, die sich nicht wehren können, sich aber kuschen vor Kommunisten, evangelischen Pastoren und den Gewerkschaften. Er wagte es, Stücke von Brecht einfach schlecht zu finden – in den Augen des modernen Kulturbetriebes eine Lästerlichkeit ohnegleichen. Kritiker wie Joachim Kaiser setzten sich in der »Süddeutschen Zeitung« (vgl. 26.6.66) auf einer ganzen Seite mit Schlamms Buch »Vom Elend der Literatur« auseinander. Die darin enthaltenen Majestätsbeleidigungen verschlugen ihnen die Sprache.

Den Vorwurf, ein »Ex-Kommunist« zu sein, quittierte Schlamm mit der Bemerkung, das komme ihm so vor, als wenn ihn jemand ein »Ex-Kind« schimpfe! Der Marxismus war für ihn eine Erscheinung, die er mit der Pubertät überwunden hatte. Seine Lebensphilosophie umriß er mit den zehn Geboten, dem Einmaleins und mit Mozart. Seine ganze Liebe gehörte dem alten Österreich, seine bis ins Schwärmerische gesteigerte Verehrung der Habsburgischen Monarchie, deren Personifizierung er im Erzherzog Otto feierte.

William S. Schlamm war schwer einzuordnen. Wie Karl Kraus und Maximilian Harden zu ihren Zeiten, übte er die Funktion einer politischen Gesundheitspolizei aus. Wie diese, tauchte er furchtlos in alle Fettnäpfchen. Aber er gehört auch in die Reihe jüdischer Publizisten, die wie Robert Ingrim, Hans Joachim Schoeps und Wolfgang Wilhelm Schütz als erste nach 1945 den verstörten Geist der Deutschen wieder aufzurichten suchten.

Schlamm schöpfte seine Kraft aus mancherlei Quellen. Österreich hatte ihn geprägt, Amerika seinen Verstand geschärft. Die Sorge um die Zukunft des alten Europa, um das Schicksal des geteilten Deutschland trieb ihn um. Er war keine Kassandra, aber er kannte die dem Abendland drohenden Gefahren zu genau, um sie zu unterschätzen. Er war frei von Vorurteilen, Menschen ausgenommen, die er ebenso lieben wie hassen konnte. Dem Judentum widmete er ein gedrucktes Selbstgespräch »Wer ist Jude?« Er hing Martin Buber und Hanna Ahrens an. Er fürchtete die Abkehr Israels vom Westen, bedingt durch die Entfremdung von Europa und Amerika und außerdem durch die fortschreitende Veröstlichung der israelischen Bevölkerungsstruktur.

Schlamm liebte extreme Formulierungen, mit denen er bisweilen über das Ziel hinausschoß. In der Polemik war er gerade dann unschlagbar, wenn er Unrecht hatte. Dem deutschen Quatschbedürfnis setzte er eine von messerscharfer Logik getragene zuchtvolle Sprache entgegen. Er war ein Meister der politischen Prosa, dem zuzuhören Genuß und von dem zu lernen auch für versierte Schriftsteller Gewinn bedeutete. Er starb zu früh, nicht weil ihn seine unzähligen Gegner hatten zu Boden strecken können. Die Luft in unserer bleichsüchtigen Republik war zu dünn geworden für die Flamme, die in ihm loderte.

AXEL VON AMBESSER
Jahrgang 1910

Mein 1918 in Frankreich gefallener Vater hinterließ seinen fünf Söhnen eine Mahnung, die ich niemals vergessen habe: »Mir ist jeder Beruf recht, den Ihr ergreifen wollt. Nur eines bitte ich mir aus, Ihr dürft nicht Pfarrer oder Schauspieler werden.« Als ein halbes Jahrhundert später mein einziger Sohn sich dem Thespiskarren zuwandte, fiel mir dieses Wort ein. Ich schrieb meinem Sohn, daß Leute seiner Herkunft nicht auf die Bühne, sondern in die Loge gehören! Der Rat fruchtete nichts. Er verschrieb sich der Muse, die sein Großvater so gefürchtet hatte.

Der erste Schauspieler, mit dem ich in Berührung kam, war Axel von Ambesser. Nicht weil es mich in Aufführungen zog, in denen er mitwirkte, sondern weil er zu meiner weitläufigen Verwandtschaft gehörte. Sein Vater Sascha von Österreich war der jüngere Bruder Edmunds von Österreich, der die ältere Schwester meiner Mutter geheiratet hatte.

Mit den Österreichs hatte es seine besondere Bewandtnis. Sie waren aus Rußland, wo das Auge Alexanders II. gnädig auf ihnen geruht hatte, nach Hamburg gekommen. Auf einem Ball in St. Petersburg bemerkte der Zar zu seinem Adjutanten: »Da tanzt der Österreich, ein tüchtiger Mann (der es zum Leiter der russischen Reichsbank und

Chef der Reichskanzlei im kaiserlichen Finanzministerium gebracht hatte). Ich gab ihm alle Orden, die ich zu verleihen habe. Aber er macht sich nichts daraus. Wie soll ich mich verhalten?« Der Adjutant, ein Baron Stieglitz, schlug dem Herrscher daraufhin vor, etwas für die Familie Österreich zu tun. Alexander nahm die Idee auf und veranlaßte die Umwandlung des auf drei Generationen befristeten Adelsstandes, in den Constantin August Österreich 1874 erhoben worden war, in den zeitlich unbeschränkten, erblichen Adel.

»Da er Eifer und Fleiß zeigte«, so beschied der Imperator, »geruhen wir als Belohnung seiner, Constantin Österreichs Verdienste und bei Unserer kaiserlichen Neigung zur Freigebigkeit, die Wir zur Belohnung der Tugenden für alle unsere Untertanen haben, kraft der Uns von Gott verliehenen selbstherrlichen Macht den oben erwähnten getreuen Untertan Österreich auf ewige Zeiten in die Ehren und Würden Unseres Kaiserreichs sowie in den Adelsstand aller Unserem Kaiserreich eingeschlossenen Reiche, Fürstentümer und Länder zu erheben...« Als Zeugnis der Zarengnade wurde dem so Ausgezeichneten ein Wappen verliehen mit einem von drei Bienen belebten Schild und einer Helmzier, aus der ein silberner Windhund mit roten Augen, Zunge und Halsband springt. Als Wappenspruch genehmigte der Zar »Labor et Fidelitas« – Fleiß und Treue.

Vom ersten Edelmann in seiner Familie erbte Axel von Ambesser die Leidenschaft für den Tanz, die ihn noch heute Bälle besuchen läßt. Dem Windhund in seinem Wappen kann er nicht immer widerstehen. Wenn er mit ihm durchzugehen droht, hält ihn seine Frau fest am Halsband. Theater betreibt er mit Fleiß. Der Muse hat er alle Zeit die Treue bewahrt.

Seine russischen Ahnen machten Karriere, weil sie tüchtig waren und Beziehungen zu wichtigen Persönlichkeiten knüpften. Axels Großonkel Ludwig von Österreich leitete am 11. Dezember 1860 auf dem Gut des Grafen Lowaschew eine Bärenjagd, an der die kaiserliche Familie, der Prinz von Wales und der preußische Gesandte am Zarenhof, Otto von Bismarck, teilnahmen. Axel von Ambesser hält es nicht anders. Er und seine Frau kennen die große Welt und machen in ihrer Etage an der Münchener Leopoldstraße ein Haus, in dem sich viele treffen, die in Westdeutschland Rang und Namen haben.

Die Österreichs verließen Rußland, nachdem Constantin Österreich seiner Witwe Klara Dorothea, geb. Brandt, aus London die testamentarische Auflage gemacht hatte, die politisch labilen Verhältnisse im Zarenreich mit einem Land zu vertauschen, dessen Ordnung weniger gefährdet war.

In Hamburg ließ sich Axels Vater Sascha als selbständiger Kaufmann nieder, während sein Bruder Edmund von seinem Schwieger- und meinem Großvater Max Schinckel in die Norddeutsche Bank geholt wurde. Beide Österreichs faszinierten uns. Sie sprachen Deutsch mit russischem Akzent, entnahmen Etuis aus Tulasilber russische Papyros, verschenkten Lackdosen mit von Troikas belebten Winterlandschaften und lasen Bücher in kyrillischer Schrift. Etwas Exotisches haftete ihnen an wie Hamburgern, die lange in der Südsee gelebt hatten. Sie erschienen uns wie Sendboten einer fremden, geheimnisvollen Welt, in der es nach Juchten roch und Parfums, die sich mit Elbluft nicht mischten. Was von ihrem Leben an unsere Ohren drang, war immer aufregend. Wir waren daher gar nicht überrascht, als unser Halbvetter eines Tages zur Bühne ging.

Seine Wahl wurde im Familienkreis nicht ohne Kopfschütteln erörtert. Meine Großmutter meinte begütigend, daß Axel ja so »begabt« sei. Die Bemerkung ließ uns aufhorchen, weil sie etwas andeutete, was wir noch nie gehört hatten. In Hamburg wurde man Reeder oder Spediteur, betätigte sich im Import und Export, diente in der Handelsmarine, verbrachte seine Lehrjahre in Westafrika oder am La Plata und trat nach der Rückkehr von dort als Junior in die väterliche Firma ein. Daß es für eine solche Laufbahn eines besonderen Talents bedürfe, hatten wir nicht vernommen. An Axel mußte etwas anders sein, wenn er sich einem Beruf zuwandte, den man offensichtlich nicht ohne Begabung ausüben konnte.

Axels halbrussischer Vater war denn auch keineswegs entzückt, daß der Sohn aus der hansischen Kaufmannstradition, in die er sich eingefügt hatte, ausbrechen wollte. Seine Mutter, eine preußische Generalstochter, zeigte schon eher Verständnis. Als alle Bemühungen scheiterten, den Jüngling zu einem »normalen« Beruf zu überreden, verfiel Sascha Österreich auf einen letzten Ausweg. Er bat eine junge Frau, in die Axel sich verliebt hatte, ihren Einfluß im väterlichen Sinne geltend zu machen. Inge Flemming, die Axel später heiraten sollte, verweigerte ihre Hilfe jedoch mit dem Hinweis, daß sie selbst im Begriff sei, sich als Schauspielerin ausbilden zu lassen, und nicht gegen die eigene Sache zeugen könne. Eine letzte Konzession konnte der Vater dem Sohn abringen. Er bat ihn, einen Künstlernamen anzunehmen, um der in Hamburg angesehenen Familie Unannehmlichkeiten zu ersparen. Aus Axel von Österreich wurde Axel von Arbesser, ein Pseudonym, das die Wiener Journalistin Dr. Eugenie Schwarzwald für den jungen Mimen Axel erdachte. Er sollte es nur zwei Jahre führen. Kaum prangte sein Name auf den Theaterzetteln, als in Gestalt eines österreichischen Heimwehrführers ein echter Arbesser auftauchte und seine Rechte geltend machte. Axel mußte aus dem »r« ein »m« machen. Er hieß nun Ambesser, was hübsch klang und ihn an die alphabetische Spitze des Ensembles rückte.

1930 betrat Axel die Bretter, die die Welt bedeuten. Nachdem Leopold Jessner, Intendant der Berliner Staatstheater, ihn geprüft hatte, holte Erich Ziegel den durch das Abitur gefallenen Zwanzigjährigen von der Schulbank weg in die Hamburger Kammerspiele. Die Theater hielten es damals ähnlich wie die Zeitungen. Bei der Auswahl ihres Nachwuchses sahen sie nicht auf akademische Grade oder Zertifikate von Fachschulen, die es kaum gab. Sie schauten werdenden Schauspielern aufs Maul wie Zeitungen angehenden Feuilletonisten auf die Feder, sortierten die Schafe von den Böcken und fuhren gut dabei. Anfänger bekamen eine Chance, die ihnen heute nicht in gleicher Weise offensteht. Von Hamburg gelangte Axel von Ambesser an das Augsburger Stadttheater, an die Müchener Kammerspiele und das von Heinz Hilpert geführte Deutsche Theater in Berlin. Er spielte an der Wiener Josefstadt. Dann holte Gustav Gründgens den vom Wehrdienst Freigestellten an das Staatstheater in Berlin. Am Wiener Burgtheater und am Theater in der Josefstadt inszenierte er nach dem Kriege Nestroy mit solchem Erfolg, daß ihm als einzigem Nichtösterreicher der Nestroy-Ring verliehen wurde.

Axel von Ambesser hat sich niemals für eine politische Partei exponiert. Gleichwohl würde ich ihn einen politischen Menschen nennen. Auf dem Hamburger Wilhelms-Gymnasium galt er als Linker, zu Beginn seiner Bühnenlaufbahn sogar als Kommunist. 1933 setzte ihn das Augsburger Stadttheater an die Luft, weil er bei einer Hitler-Geburtstagsfeier in Gegenwart von 1300 SA-Leuten den deutschen Gruß verweigerte. Axel sah sich bereits im Straflager. Aber das Schicksal meinte es gut mit ihm. Dem zweiten Bürgermeister der alten Reichsstadt imponierte sein Mut so, daß er ihn für eine neue Spielzeit verpflichtete.

Rückblickend wird man sagen dürfen, daß Axel von Ambessers politische Entwicklung sich im Zeichen des Churchillwortes vollzog, nach dem Jünglingen, die nicht für den Sozialismus schwärmen, das Herz fehlt, während reifen Männern, die nicht zu Konservativen geworden sind, der Verstand abgeht. Damals wie heute zahlte Axel von Ambesser für seine Bekenntnisfreudigkeit. In der Bundesrepublik nicht anders als im Dritten Reich ertragen es die Macher des Kulturbetriebes nicht, wenn Leute aus ihrem Fleisch und Blut gegen den Trend schwimmen. Wenn sie sich nicht anpassen, werden sie totgeschwiegen. Seitdem Axel von Ambesser seinen Namen unter einen Aufruf gegen die Annahme der Ostverträge setzte, in denen ein Drittel des Deutschen Reiches von 1937 abgeschrieben wurde, boykottiert ihn das dramaturgische Establishment der Staatstheater. Der Träger des bayerischen Maximilians-Ordens für Kunst und Wissenschaft erhält seit den siebziger Jahren nicht einmal im konservativen Bayern, wo er als Bürger von Schwabing Heimatrechte genießt, eine Inszenierung an den subventionierten Bühnen angeboten, während sich die unsubventionierten Privattheater in Berlin, München, Hamburg und Wien darum reißen, seine Komödien aufzuführen oder ihn als Regisseur zu gewinnen. »Wie führe ich eine Ehe«, »Lebensmut zu hohen Preisen«, »Omelette surprise« füllen dort die Häuser. »Begegnung im Herbst« feierte in Israel Triumphe. Eine dortige Zeitung schrieb, es sei Ambesser als einzigem deutschen Autor geglückt, die Tragödie des jüdischen Volkes in Deutschland überzeugend darzustellen und dazu noch in Gestalt einer Komödie. Gleichwohl meiden ihn seit den siebziger Jahren die mit öffentlichen Mitteln ausgestatteten deutschen Bühnen.

Zu dem Versuch, Ambesser zu ignorieren, mag beitragen, daß er nicht nur ein leidenschaftlicher Theatermann, sondern auch ein unbestechlicher Kritiker ist, der sich über die Zukunft der Sprechbühne seine Gedanken macht. Ambesser hält nicht viel von einer Kunst, die ihre Modernität unter Beweis zu stellen glaubt, wenn sie Texte beliebig verändert, Klassiker dem Zeitgeist unterwirft, Rollen mit der Sprache nicht mächtigen Robotern besetzt. Er findet Aufführungen geschmacklos, in denen griechische Götter in SS-Ledermänteln erscheinen, »Wallensteins Lager« in napoleonischen Uniformen gespielt wird, im »Sommernachtstraum« das Auditorium durch eine splitternackte Sechzigjährige erschreckt wird und vier alte Männer ihre Notdurft gegen eine Kulisse aus Coca-Cola-Kisten verrichten. Er bekennt sich zu einem Theater, das die Menschen unterhalten will, in dem der Spaß nicht nur ein Furz ist, das Lebensweisheiten in ansprechender Form vermittelt, den Zuschauer zum Nachdenken anregt, statt ihn einer Gehirnwäsche zu unterziehen. Auch für Axel von Ambesser ist die Bühne eine moralische Anstalt. Aber er hat erfahren, daß die Leute sich langweilen, wenn ihnen Theater als KZ serviert wird.

Der Autor Ambesser wird gelegentlich mit Curt Goetz verglichen, zu dessen Verehrern er gehört. Es gibt viel Gemeinsames zwischen ihnen. Beide beherrschen alle drei Dimensionen des Theaters – den Text, die Szene, das Spiel. Beide sind Autor, Regisseur und Darsteller in einem. Und doch gibt es zwischen ihnen einen wichtigen Unterschied. Goetz bevorzugt in seinen dramaturgischen Verknüpfungen geistreiche Konstruktionen, die keine Schlüsse auf seine private Welt zulassen. Ambesser formuliert dagegen oft aus persönlichem Erleben. Seine Komödien spiegeln die ureigenen Empfindungen des Autors wider. In keinem seiner Stücke kommt dies so zum Ausdruck wie in »Das Abgründige in Herrn Gerstenberg«. Es war sein fünftes Werk und wurde jahrelang aufgeführt. Seine Szenen sind der Wirklichkeit der Nachkriegsjahre abgelauscht. Menschen treten auf, die, von ihren Idealen genarrt, sich Stumpfsinn und Ungläubigkeit hingeben und sich in das Unvermeidliche fügen, das sie Zukunft nennen. Menschen, die nicht einen »Bund fürs Leben« suchen, sondern einen Bund, um zu leben, und zwar möglichst gut.

Mitleidlos richtet Ambesser seine Zeit. Er geht so weit, den Menschen mit einem Wasserklosett zu vergleichen. »Man gibt ihm klingende Namen, aber er riecht nicht gut. Er ist von einer glatten Schale umgeben, aber hohl, und dort, wo man etwas in sein Inneres sieht, schwarz und dreckig. Seine Aufwallungen zur inneren Reinigung sind kurz, und sie verrauschen bald.« Ambesser ekelt sich. »Wir lösen uns nur auf, und vielleicht kommen wir durch, denn wir sind arm und zerrissen und wertlos für die Krallen der Drähte, die überall nach allem, was weiter will, greifen. Wir sind keine Nahrung für die aufgeblähten Ratten, die an schmalen Stellen des Kanals auf Beute lauern. Ja selbst die stummen Fische meiden uns, wenn wir so, dem Schmutz des großen Abwassers verbunden, fast selbst schon Unrat, wertlos der Welt, tief wertvoll nur uns, feucht und flach, Leib an Leib gepreßt, in das Dunkel des Abends treiben.«

Das liest sich wie Brecht. Wie er, gönnt Ambesser seinen Figuren nicht einen Funken von Hoffnung. »Ich glaube, daß für das Glück eines Mädchens nichts wichtiger ist, als daß sich Schwiegersohn und Schwiegervater verstehen.« Ein Schwiegervater, der seiner Tochter das »furchtbare

Schicksal« ersparen will, einen Mann zu heiraten, der noch Ideale hat.

Aber anders als Brecht zieht Ambesser sich am eigenen Zopf aus dem Sumpf. »Zum Unglücklichsein bin ich nicht dumm genug« oder »Aus Dreck Schönheit zu machen, heißt Künstler zu sein« lautet der Trost, den er sich zuspricht. »Das Abgründige in Herrn Gerstenberg« reflektiert auch das Hintergründige in Herrn von Ambesser.

In Ambessers Menschlichkeit liegt ein Geheimnis seines Erfolges, seiner Wirkung auf ein Publikum, das von ihm angerührt wird, sobald es ihm im Theater begegnet. Nicht zufällig gehört Axel von Ambesser zu den wenigen Schauspielern, die ein glückliches Familienleben führen. Er wird demnächst mit Inge Flemming Goldene Hochzeit feiern. Als er sie zur Frau nahm, haben wir ihn alle bewundert. In Berlin war Inge das, was man damals ein »Klasseweib« nannte. Sie zur Frau zu nehmen, hätte sich niemand von uns getraut. Als einer ihrer frühen Verehrer diese Absicht kundtat, lachten wir ihn aus, weil er nach Sternen griff, für die er nicht geschaffen schien. Erst Ambesser gelang das für unmöglich Gehaltene. Er machte Inge glücklich und sich selbst dazu. Sie schenkte ihm eine Tochter, die in ihres Vaters Pantoffeln geschlüpft ist, sich auf der Bühne und als Filmbuchautorin betätigt. Inges eigene Ambitionen als Darstellerin erloschen an Axels Seite. Sie trat im Deutschen Theater in Berlin und in den Münchener Kammerspielen in seinen eigenen Stücken auf, spielte in »Miß Sarah Sampson« die Marwood und wurde von Eugen Klöpfer für die Rolle der Elisabeth in Schillers »Maria Stuart« engagiert, die an der Volksbühne Berlin aufgeführt werden sollte. Dann entschied sie sich endgültig für die Ehe, die auf einem Münchener Faschingsfest bei »Steinicke« mit einer ganz bürgerlichen Bekanntschaft begonnen hatte.

Der nächste Treffpunkt war die »Regina-Bar«, wo Inge mit Axel tanzte, nachdem er sich äußerlich der Etikette des Lokals angepaßt hatte.

Inge ist keine Preußin wie Axels Mutter, aber sie hat viele preußische Eigenschaften. Sie sind für einen Mann wichtig, den immer wieder andere Dinge beschäftigen. Wenn Axel ein reiches Buffet erblickt, hängt ihm, wie dem Windhund in dem von Zaren verliehenen Wappen seiner Familie, die Zunge weit aus dem Halse. Dann gibt Inge ihm Zügelhilfe und verhindert, daß er sich satt ißt. Von der Hoffnung, Axel die Figur eines Barsoy zu erhalten, hat Inge nie abgelassen! Künstlerehen – meditiert Ambesser – sterben oft an der Geographie. Auch das weiß Inge, sie begleitet ihren Mann auf jedes Gastspiel. Indem sie ihm die Aufsicht über ihre vielen Koffer anvertraut, trägt sie zur geistigen Entspannung des unablässig sinnenden Gatten bei! Zwischen Theater und Ehe wählte Inge ihren Mann, eine Entscheidung voller Lebensklugheit, um die sie schon manche geschiedene Schauspielerin beneidet hat. Die Ambessers haben kein Auto, weil die Konzentration auf das Lenken Axel von seinen Einfällen ablenken könnte. Inges Auto wurde abgeschafft, weil sie zur Unpünktlichkeit neigt, worauf das Theater keine Rücksicht nehmen kann, da die Vorstellungen auf die Minute beginnen müssen. Nur Taxi und U-Bahn, das hat Axel herausgefunden, garantieren die zeitige Ankunft im Musentempel.

Schauspieler, die sich abschminken, haben oft etwas Leeres. Nach einer Premiere sinken sie in sich zusammen wie Partner nach einem Liebesakt. Nicht selten verblaßt jenseits von Bühne und Leinwand ihre Ausstrahlung. Wer Axel von Ambesser nach einem Auftritt begegnet, spürt hiervon nichts. Er trifft einen Menschen, der auch anziehend wirken würde, wenn ihm kein Ruhm vorauseilte, einen Mann wie seinen Vorfahren Constantin, der auf dem Petersburger Parkett dem Selbstherrscher aller Reussen auffiel. Ambesser will die Nivellierung des deutschen Theaters nicht hinnehmen. Er kämpft für den Rang einer Kunst, die so lange im Abseits stand, während des 19. Jahrhunderts ins Zentrum rückte, bis in die zwanziger Jahre Triumphe feierte und sich heute wieder ins Periphere zu verlieren droht.

Engagement für die Einheit

AXEL SPRINGER
Jahrgang 1912

Unter den deutschen Verlegern der Nachkriegsjahre nimmt sich Axel Springer aus wie der Mount Everest unter Schwarzwaldbergen. Der von ihm geschaffene Zeitungskonzern zeugt nachhaltiger als jeder andere Betrieb dafür, daß die Bundesrepublik ein Land der unbegrenzten Möglichkeiten war, ein Boden für den Unternehmer, der es verstand, mit seinem Pfunde zu wuchern. Auf einem Gebiet, in dem die Bäume sonst nicht in den Himmel wachsen, der Publizistik, vollbrachte Springer eine Leistung, die den Vergleich mit dem Imperium Friedrich Flicks nicht zu scheuen braucht. Anders als dieser, dem 1945 eine beträchtliche, der Neuordnung harrende Substanz geblieben war, startete Springer aus dem Nichts.

Am Anfang seines Werkes stand das »Hamburger Abendblatt«, dessen Aufstieg ich aus der Perspektive des Chefredakteurs von zwei am gleichen Ort um ihre Existenz ringenden Blättern, der »Hamburger Allgemeinen Zeitung« und, nach ihrem Verschwinden, des »Hamburger Anzeigers« verfolgen konnte. Springer, der im Begriff stand, einen neuen Typ von Generalanzeiger zu schaffen, hielt uns ständig in Atem. Voller journalistischer und verlegerischer Einfälle, überraschte er die Hamburger Öffentlichkeit fast jede Woche mit einem neuen »Gag«. Beim

»Abendblatt« stimmte alles, worum wir uns oft vergeblich mühten. Das handliche Format, die gut lesbare Schrifttype, die farbige Linie unter der Schlagzeile, die Aufteilung des Stoffes, der Anzeigenteil waren aus einem Guß. Eine phänomenale Werbung half dem Blatt auf die Beine. Die Zustellung an den Leser erfolgte reibungslos.

Springer, der eigentlich Sänger werden wollte und einen Großvater hatte, der sich aufs Dirigieren verlegte, verstand es meisterhaft, das Klavier einer großen Zeitung zu stimmen. Er hatte in Hamburg das Handwerk von der Pike auf gelernt, später im Wolff'schen Telegrafenbüro als Redakteur gearbeitet und war schließlich wieder in Hamburg gelandet. Dort hatte der Sohn eines Altonaer Druckers, der wegen der kriegsbedingten Verhältnisse sein eigenes Blättchen hatte einstellen müssen, in der Presse kein Unterkommen gefunden, sondern sich als Kinovorführer und Platzanweiser verdingt. Zum Wehrdienst aus gesundheitlichen Gründen nicht tauglich, politisch unbelastet, war der Zweiunddreißigjährige bei Kriegsende ein unverbrauchter junger Mann, voller Ideen und voller Initiative, aber ohne praktische Erfahrung in dem schwierigen Gewerbe, in das er mit der Gründung des »Hamburger Abendblattes« eingestiegen war.

Den durchschlagenden Erfolg seines Erstlings verdankte Springer einer Gabe, die ihm immer wieder zu Hilfe kam, wenn es um große Entscheidungen ging. Zu seiner Unvoreingenommenheit, seinem Mut, seinem Gefühl für das Machbare, trat ein Blick für Menschen, der ihn mit nachtwandlerischer Sicherheit zur rechten Stunde genau die Mitarbeiter wählen ließ, die er für ein Projekt brauchte. In Karl Andreas Voss, einem ehemaligen Direktor des Broschekverlages, der das »Hamburger Fremdenblatt« herausgegeben hatte, gewann Springer seinen ersten Hausmeier.

Voss stand zur Verfügung, weil er als »belastet« im Sinne der von den Besatzungsmächten angelegten Maßstäbe galt und von den Engländern 1946 für die Verlagsleitung ihrer Zonenzeitung »Die Welt« abgelehnt worden war. Mit Voss sicherte sich Springer einen Fachmann von unschätzbaren Erfahrungen. Vorsichtig kalkulierend, keinen Schritt vor dem anderen tuend, sorgte er dafür, daß die wirtschaftlichen Grundlagen der zahlreichen Blätter, die Springers niemals rastender Geist ins Leben rief, solide blieben.

Die bei der Berufung von Voss zutage tretende Freiheit von Vorurteilen führte dem jungen Verleger immer wieder Gehilfen zu, die die Bälle auffingen, die sein journalistischer Einfallsreichtum und seine kaufmännische Genialität ihnen zuwarfen. Einer von ihnen war Hans Zehrer, der Begründer des »Tat«-Kreises, der in der Weimarer Republik die Rolle von Benoists »Nouvelle Droite« in Frankreich vorweggenommen hatte, als Zuarbeiter des Reichskanzlers Kurt von Schleicher gescheitert war, die innere Emigration gewählt hatte und sich nach dem Kriege mit dem evangelischen »Sonntagsblatt« des hannöverschen Bischofs Lilje plagte. Auch er war den Besatzungsmächten suspekt, was Springer nicht hinderte, ihm die Chefredaktion der Tageszeitung »Die Welt« zu übertragen, die er nach längerem Hin und Her von den Engländern erworben hatte. Andere Beispiele für Springers Freiheit von Vorurteilen war die Heranziehung von zwei früheren Kommunisten, die nach England und in die Vereinigten Staaten emigriert waren. Bernhard Menne berief er zum Chefredakteur der »Welt am Sonntag«. Im gleichen Blatt stellte Springer William S. Schlamm eine Kolumne zur Verfügung. Springers Männer in Verlag und Redaktion kamen aus ganz verschiedenen, um nicht zu sagen miteinander verfeindeten Lagern. Sie zu einem »working team« zusammenzuschweißen, konnte nur einem Chef gelingen, der souverän über den Ideologien und dem Gezänk der politischen Parteien stand. Wie Adenauer, der in der CDU Nazis, Deutschnationale, Volksparteiler, Demokraten, Zentrumsangehörige und Sozialdemokraten, Protestanten und Katholiken unter einen Hut gebracht hatte, verstand Springer es, eine Lesergemeinde um sich zu scharen, die einst von den Großverlagen Ullstein, Scherl, Mosse und Eher liberal, konservativ, linksdemokratisch und nationalsozialistisch geprägten Unternehmen betreut worden war. Springers Parole »Seid nett zueinander« sprach sie alle an. 1945 waren die Überlebenden dankbar, mit dem Schrecken davongekommen zu sein. Vergangenheitsbewältigung und Entnazifizierung hatten noch keine Gräben aufgerissen. Der Wille zu einem neuen Anfang war allgemein. Springer war einer der wenigen, der es verstand, dieser Stimmung Rechnung zu tragen.

Der Springerkonzern wurde zur Säule der vom Bürgertum reflektierten öffentlichen Meinung in der Bundesrepublik. Er ist liberal, konservativ und national ausgerichtet, tritt für eine freie demokratische Ordnung, für die Wiedervereinigung Deutschlands und gegen die Preisgabe Berlins ein, wirbt für die freie Marktwirtschaft und plädiert für die Aussöhnung zwischen Deutschen und Juden und ein selbständiges Israel. Der Zeitungskonzern folgt damit vorgegebenen Zielen seines Verlegers.

Wenn Springers Unternehmen in gewissen Kreisen der Bundesrepublik mit scheelen Augen betrachtet, ja bis zur Forderung nach Enteignung geschmäht wird, so deshalb, weil dieser Zeitungskonzern eine Macht darstellt, die dem bürgerlichen Element in Westdeutschland zugute kommt, nicht aber dem sozialistischen.

Die auf Springer gerichteten Pfeile sollen vor allem die

BILD-Zeitung treffen, ein Massenblatt, das täglich von fast sechs Millionen Menschen gekauft und von noch einmal so vielen gelesen wird. BILD bedient sich einer Aufmachung, ohne die eine breite Leserschaft im Zeitalter von Fernsehen und Rundfunk nicht erreicht werden kann. Die Presse ist heute so wenig eine moralische Anstalt wie das Parlament. Ihr Markt ist nicht ein gebildetes, von christlichem Ethos erfülltes Publikum, sondern die Masse des Volkes, die in der Zeitung Entspannung sucht und sich mit ihr auf bisweilen dröhnende Weise unterhalten will. In den angelsächsischen Ländern haben Zeitungsverleger lange vor Springer dieser Lage entsprochen. Die politischen Kommentare von BILD überschreiten selten zwölf Zeilen. Aber sie bewirken bei den einfachen Leuten die Reaktion, die bei der Intelligenzija hervorzurufen die »Frankfurter Allgemeine Zeitung« viele Spalten benötigt. BILD wird diffamiert nicht weil es in sensationeller Verpackung sex und crime serviert, sondern weil es diesem Reizmittel eine Prise Politik beimischt, die nicht marxistisch gefärbt ist. Die BILD-Zeitung wird nicht nur von einfachen Leuten, sondern auch von Beamten und Angestellten, von Angehörigen des gehobenen Mittelstandes gelesen. Sie ist die einzige Zeitung in Westdeutschland, die es mit den elektronischen Massenmedien aufnehmen kann und das von Fernsehen und Hörfunk praktizierte Meinungsmonopol gebrochen hat. Springer gelang damit, was Adenauer mißglückte, als er einen nicht von der Linken beherrschten Sender ins Leben zu rufen versuchte. Seine Leistung ist um so erstaunlicher, als BILD nicht wie ARD und ZDF unter dem Deckmantel einer »öffentlich rechtlichen Anstalt« vom Steuerzahler finanziert wird, sondern von einem freien, nicht-subventionierten Unternehmer. Auch wird BILD nicht wie Fernsehen und Rundfunk von Redakteuren gestaltet, die, lebenslänglich verpflichtet, ihren Dienst wie Beamte versehen, sondern durch Journalisten, die sich nicht durch parteipolitische Ämterpatronage, sondern allein auf Grund ihres Könnens qualifizieren. Man mag über die Güte einzelner Springer-Organe denken, wie man will. Auf seine Weise trägt jedes von ihnen dazu bei, daß dem deutschen Michel von Fernsehen und Hörfunk die rote Schlafmütze nicht völlig über Augen und Ohren gezogen wird. In einem Land, in dem die Grünen bald zehn Prozent der Parlamentsabgeordneten stellen und die großen Volksparteien von der Neigung nicht frei sind, mit Narren Koalitionen einzugehen, helfen die Springerblätter dem Durchschnittsmenschen, sich einen Hauch von Naivität und einen Rest von Verstand zu erhalten.

Springer hat Ullstein aufgenommen, ohne sich einer demokratischen Splitterpartei zu verschreiben, wie die »Vossische Zeitung«, die alte »Morgenpost« und »B.Z. am Mittag« es einmal taten. Springers Liberalismus ist keine Vorstufe zum Sozialismus, sondern Lösemittel aus konservativer Erstarrung. Springers Vorurteilslosigkeit macht ihn auch gegenüber den Sozialdemokraten offen. Mit Männern wie Ernst Reuter, Wilhelm Kaisen, Max Brauer, Herbert Weichmann, aber auch mit Willy Brandt und Helmut Schmidt, alle sozialdemokratische Vollblutpolitiker, hat ihn Freundschaft verbunden. Aber es gibt für Axel Springer Tabus, deren Verletzung er nicht hinnimmt: Absagen an die deutsche Einheit oder die Aussöhnung mit Israel.

Springer hat auch Scherl beerbt, ohne in die politische Hinterlassenschaft Alfred Hugenbergs einzutreten. Mit dem deutschnationalen Geheimrat hat Springer nur die Erkenntnis gemeinsam, daß in der Demokratie ein großer Teil des politischen Einflusses über die Presse ausgeübt wird. Von Hugenberg trennt Springer nicht nur der politische Standort, sondern auch die Methode. Hugenbergs Weg führte aus der Politik in die Presse. Bei Springer war es umgekehrt. Hugenberg unterhielt eine Lobby beim Reichstag und stützte sich auf einen großen Interessentenverband, den Reichslandbund und die Schwerindustrie. Springer vermied solche Abhängigkeiten. Hugenberg scheute eine persönliche Nähe zum Journalismus, die Springer immer wieder sucht. Er überließ die Leitung von Scherl und Ufa Ludwig Klitzsch. Springer gab das Heft in seinem Konzern niemals ganz aus der Hand. Hugenberg war um die Humanität im Zeitungsgewerbe, die Springer am Herzen liegt, nicht übermäßig besorgt. Von Hugenberg ging ein starker Wille aus, der sich den Redaktionen mitteilte, aber kein Charisma wie von Springer. Hugenberg war stur bis zu einer Obstinenz, an der die Deutschnationalen schließlich zerbrachen. Springer ist flexibel und bereit, aus Erfahrungen zu lernen. Im Gespräch mit dem Leiter des ZDF-Magazins, Gerhard Löwenthal, hat Springer einmal geäußert, daß er immer wußte, was er nicht wollte, nämlich den Nationalsozialismus und den Kommunismus. Hugenberg war sich dessen nicht so sicher, und darum landete er in der Harzburger Front, die schließlich auch dem ein Ende setzte, was Hugenberg gewollt hatte.

Als Springer sich Hans Zehrer ins Haus holte, sprang er über seinen eigenen Schatten. Aus dem Herausgeber eines neutralen Generalanzeigers wurde unter dem Einfluß Zehrers ein politisch engagierter Verleger. Mit dem Erwerb der »Welt« betrat Springer Neuland, das umgepflügt und neu bestellt werden mußte. »Die Welt« war ja keine deutsche, sondern eine von der britischen Besatzungsmacht gesteuerte englische Zeitung gewesen. Als Springer Hans Zehrer für diese Aufgabe gewann, tat er einen Schritt, der für seine persönliche Entwicklung wie die seines Verlages so bedeutend war wie seinerzeit die Verpflichtung von Karl Andreas Voss für die Verlagsleitung des »Hamburger Abendblatts«. Zehrer hatte die Jahre des Dritten Reiches in der Einsamkeit eines mit Büchern tapezierten kleinen Hauses auf Sylt zugebracht. Er gehörte nicht zu den Berufsbesiegten, die nach 1945 in der deutschen Presse den Ton angaben. Er hatte viel nachdenken können über seinen eigenen Werdegang und über die Katastrophe des Dritten Reiches. Seinen Glauben an die Unzerstörbarkeit Deutschlands hatte er nicht verloren. Er war geistig frisch geblieben. Als Springer ihm die Chance bot, seine Finger wieder auf die Tastatur eines klangstarken politischen Instruments wie der »Welt« zu legen, gewann er seine journalistische Virtuosität schnell zurück. Er beherrschte eine Tonleiter, die er in Leitartikeln für die »Welt« so zu stimmen verstand wie in den Kurzkommentaren, die er unter dem Pseudonym »Hans im Bild« in der BILD-Zeitung veröffentlichte. Zehrer war in der Geschichte so beflissen wie in der Philosophie, Zeitbetrachter und Zeitkritiker in einem, in der durch die Entnazifizierung verödeten deutschen Presselandschaft ein Dinosaurier. Aber Zehrer war nach 1945 so wenig Realpolitiker wie vor 1933. Er war nicht davon abzubringen, daß auch in der Politik der Glaube Berge versetzen könne. Ich erinnere mich noch, wie 1954 vor der Berliner Konferenz eine Illustrierte die Chefredakteure der führenden deutschen Blätter befragte, welches Ergebnis sie für möglich hielten. Zehrer gab der Überzeugung Ausdruck, daß es die Wiedervereinigung sein würde.

Diese Hoffnung hatte ihn 1955 nach Moskau geführt, wo er das Gelände für eine konstruktive deutsche Ostpolitik zu erkunden suchte. Sie sollte, an Bismarck anknüpfend, Adenauers einseitige Westpolitik ergänzen. Ihr Ziel war die Wiedervereinigung als Voraussetzung einer Aussöhnung mit der Sowjetunion. So abwegig, wie dies heute erscheinen mag, war diese Konzeption nicht. Zehrer schloß aus der russischen Interessenlage, daß Moskau nicht daran gelegen sein könne, die Bundesrepublik einem amerikanischen Westeuropa zu integrieren. Er mochte Chruschtschew die Fähigkeit zu einem »renversement des alliances« zutrauen, wie Stalin es im August 1939 demonstriert hatte. Zumindest hielt er es der Mühe für wert, solche Gedanken mit dem allmächtigen KP-Sekretär zu erörtern. So reiste er im Januar 1958 mit Springer nach Moskau. Der Herr des Kremls ließ den sensiblen Verleger und seinen von mystischen Eingebungen nicht freien Mentor zwei Wochen antichambrieren, versuchte dann, sich durch Übergabe einer von seinem Pressereferenten vorgekochten Interviewkonserve einem Dialog zu entziehen, um schließlich in ein Gespräch zu willigen, dessen negativer Ausgang Springer und Zehrer völlig desillusionierte.

Springer hat diese Niederlage niemals verwunden. Noch 1982 nannte er sie das zentrale Erlebnis seines ganzen politischen Daseins. Zu seiner politischen Reife trug die Moskauer Episode entscheidend bei. Er lernte in Moskau eine Lektion, die in dem Hamburger den Preußen weckte und ihn die großartigste Entscheidung seines Lebens treffen ließ, das Engagement für Berlin. Wenn Springer sonst nichts bewirkt hätte, dieser Entschluß allein würde ihn zu einem großen Deutschen machen, der in der Geschichte der Bundesrepublik seinen Platz hätte. Während Brandt und Bahr, Scheel eingeschlossen, »Entspannung durch Wandlung« betrieben und nicht aufhörten, der Sowjetunion und Polen Verzichte auf ein Drittel des Deutschen Reiches von 1937 anzudienen, zog Springer aus den Absagen Moskaus eine andere Konsequenz. Er verlegte seine Verlagszentrale nach Berlin und errichtete im Schatten der

Mauer ein großes Druckerei- und Verwaltungsgebäude. Wie einst die Luftbrücke, trugen Bau und 1966 die Einweihung des Springerhauses dazu bei, das Interesse an der alten Reichshauptstadt zu stimulieren. Springer wurde zu einem Symbol für den Willen, Berlin nicht preiszugeben – um so mehr als aus geschäftlichen Erwägungen diese Investition kaum zu rechtfertigen war. Der Absatz von Presseerzeugnissen in der geteilten Stadt konnte gewisse Grenzen nicht überschreiten. Die Gefahr, daß Berlin vom Westen abgeschnitten wurde, blieb latent. Es war nicht Romantik, die Springer nach Berlin führte, sondern Patriotismus, eine Tugend, die wie Treue und Ehre im Wirtschaftswunderland selten geworden ist. Springer, der einmal sagte, daß Israel jedes Christen zweites Vaterland sei, hämmerte den Deutschen wieder ein, daß sie neben einer provisorischen Hauptstadt Bonn eine echte Hauptstadt haben, die Berlin heißt.

Springer litt, wie er es einmal ausdrückte, unter »Adenauers nicht entwickeltem Gefühl für Berlin«. Als die Mauer gebaut wurde, brachte BILD die Schlagzeile »Macmillan auf Schnepfenjagd. Der junge Präsident schweigt. Adenauer schimpft auf Brandt. Die Reaktion des Westens auf die Mauer.« Sie wurde in Bonn übel aufgenommen, und es kam zu einer heftigen Auseinandersetzung zwischen dem rheinischen Kanzler und dem Altonaer Verleger, der zum Wahlberliner geworden war. Adenauers Versäumnis, sich sofort an den Ort des Geschehens zu begeben, hat Springer ihm nie vergeben, wenngleich es nach der Demission des Regierungschefs zu einer Aussöhnung kam, bei der Adenauer den Fehler zugab. In Berlin erfuhr Springer, warum das Reich Karls des Großen nicht in Aachen und Köln, sondern zweimal im deutschen Osten, in Wien und Berlin, erneuert worden war. Er lernte, daß über dem zeitgebundenen Pragmatismus Adenauers die Vision nicht verlorengehen darf, die zuletzt Bismarck gegen Widerstände verwirklichte, die nicht geringer waren als die heutigen.

Es gibt Menschen, die mit Axel Springer nichts anzufangen wissen, weil sie in ihm einen »tycoon« sehen, einen Pressezaren, der nach dem Muster von Northcliffe und Rothermere, Hearst und Beaverbrook, Cecil King und Lord Thompson of Fleet, Rupert Murdoch und Samuel F. Newhouse von Gewinn und Machtstreben geleitet wird. Sie verkennen, daß an der Spitze des größten Zeitungskonzerns in der alten Welt ein Mann steht, der sensibel und verletzlich ist. Ein Verleger, der nicht nur die Bilanzen seiner Blätter liest, sondern auch ihren Inhalt, über den er sich bisweilen grämt. Aber er steht zu seinen Mitarbeitern. Bis er einen gehen läßt, muß es arg kommen und die Vertrauensgrundlage zerstört sein, die Springer an seine Untergebenen bindet. Springers Redakteure werden hochbezahlt. Chefredakteure verdienen Saläre wie Manager in der Industrie. Springer erniedrigt Journalisten nicht zu Zeilenschindern. Er honoriert geistige Arbeit nach Maßstäben, die in Deutschland unbekannt waren.

Springers Gegner wollen nicht sehen, daß sich hinter seinem schöpferischen Geist auch ein sensibler Mensch verbirgt, der das Unglück anderer wie sein eigenes empfindet, der sich aufgerufen fühlt, das Seinige zu tun, um Leid zu lindern. Hier liegt die Wurzel seines Eintretens für Israel. Axel Springer rechnet zu den wenigen Deutschen, die aus der Schuld seines Volkes an den Juden die persönliche Verpflichtung ableiten, den Überlebenden zu helfen. Das tätige Christentum, sein religiöses Gefühl, zu dem Axel Springer sich bekennt, leiten ihn dabei wie die Noblesse seines Charakters.

Axel Springer gehört einer Gattung an, die in Deutschland noch schneller ausstirbt als anderswo. Er ist ein Herr. Nicht nur seiner äußeren Erscheinung wegen, die man in Hamburg, der Stadt der gut angezogenen Männer, häufiger trifft als anderswo in Westdeutschland. Er pflegt auch einen Lebensstil, den man als aristokratisch bezeichnen darf. Wenn ich auf ihn warten mußte, ist mir die Zeit nie lang geworden, so sehr faszinierten mich die schönen Dinge, mit denen Springer sich in seinen Büros und in seinen Häusern umgibt.

Ist der Springer-Konzern ohne Axel Springer denkbar? Was wird aus seinen Blättern und Zeitschriften, wenn er die Zügel aus der Hand legt? Werden seine Nachfolger sein Werk in seinem Geist fortsetzen? Daß es auf solche Fragen keine überzeugende Antwort gibt, ist die Tragik im Leben eines Mannes, der sich zur Zukunft der Deutschen Nation bekannt hat wie kein anderer Deutscher seiner Epoche.

Dynast und Ikaros

KONSTANTIN PRINZ VON BAYERN
1920–1969

Als wir einander zum ersten Mal begegneten, war Konstantin gerade mündig geworden. Ich sehe ihn noch heute vor mir, ein schmales, ein wenig blasses Bürschchen im Waffenrock der Wehrmacht, den er auf der Vermählung seines Onkels, des Grafen Franz Seefried mit Gabriele von Schnitzler trug. Ein heißer Augusttag des Jahres 1941, eine lange Trauungszeremonie, ermüdende Tischreden hatten der Hochzeitsgesellschaft einiges abgefordert. Der Krieg, schon längst kein Blitz mehr, glich einem von ferne grollenden Gewitter. Hitlers Armeen standen tief in Rußland, ohne daß sich eine Entscheidung abzeichnete. Die Frage, ob sie einen Vormarsch ins Nichts angetreten hatten, schlich sich in die Konversation der Gäste. Konstantin, in meiner nächsten Nähe plaziert, wurde stumm, als wir auf den Feldzug zu sprechen kamen. Auf sein eben noch so fröhliches Knabengesicht legten sich Schatten. Als wolle er sich vor etwas schützen, bedeckte er die Augen mit beiden Händen und frug dann, halb zu sich selbst gewandt: Was wird aus Deutschland werden, wenn wir es in Rußland nicht schaffen?

Die Erinnerung an diese Vision, auf die niemand eine Antwort wagte, hat mich nie wieder verlassen. Sie war typisch für Konstantins Art. Eben mit einer unglaublich schnellen Auffassungsgabe brillierend, die Liebenswürdigkeit in Person, konnte ihn plötzlich Schweigen umfangen. Ein geringfügiger Anstoß genügte, um ihn in eine Gedankenwelt zu entführen, die mit unerbittlichen Konfrontationen angefüllt war. Seine Heiterkeit wich dann einem Ernst, der, von den Wellen der Melancholie getragen, in Pessimismus mündete. Nach wacher Neugier bedrängten ihn nun Resignation und Zweifel, nicht zuletzt an sich selbst. Er wurde ganz still, sammelte sich und gewann aus der Meditation die Zuversicht zurück, die ihn so unwiderstehlich machte.

Als Konstantin jung war, wollten viele in ihm nur den Playboy sehen. Nichts dünkte ihn unerheblicher, als diesen Eindruck zu korrigieren. Hinter der Maske der Nonchalance verbarg sich bei Konstantin eine Schüchternheit, die mit der große Herren auszeichnenden Naivität wenig gemein hatte. Seine bohrende Intelligenz ließ ihn auf der Suche nach seinem Auftrag nicht zur Ruhe kommen. Natur und Herkunft nach ein Seinsmensch, genügte ihm die prinzliche Existenz keinen Augenblick. Er wollte sich in eben jener bürgerlichen Welt, von der ihn alles trennte, einen Platz erobern, wie ihn nur Leistung auszuweisen vermag. Keinem Hochgeborenen war es um sein Inkognito so ernst wie diesem Wittelsbacher, der nicht aufhörte, sich selbst in Frage zu stellen. Kaum ein Zeitgenosse im Nachkriegsdeutschland hat seine Person so unwichtig genommen wie dieser königliche Agnat, dem die Stellung seines Hauses immer präsent, Eigennutz ebenso fern war.

Konstantins Bescheidenheit spiegelte sich in vollendeten Umgangsformen. Wenn Höflichkeit eine Tugend der Herrscher sein soll, so hätte ihn allein diese für ein hohes Amt prädestiniert.

Ich habe Konstantin bei vielen offiziellen und privaten

Gelegenheiten beobachten können. Immer ließ er anderen, und zuallererst den Unscheinbarsten, den Vortritt. Lange bevor er als Abgeordneter im republikanischen Protokoll einen Platz hätte beanspruchen können, gewann er Ansehen und Ehren einfach dadurch, daß er jedermanns Rang respektierte und höher als seinen eigenen stellte. Die standhaftesten Demokraten zollten seinem Charme Reverenz. Als ich ihn während eines Fluges mit dem inzwischen verstorbenen Bundesverkehrsminister Seebohm bekannt machen wollte, löste Seebohm seinen Sicherheitsgurt, erhob sich ächzend aus dem ihn einzwängenden Polstersessel und wehrte dem ihn zum Sitzenbleiben nötigenden Prinzen mit den Worten: »Das wäre die verkehrte Welt. Ich bitte meinerseits um die Ehre, Seiner Königlichen Hoheit vorgestellt zu werden.«

Konstantins entwaffnende Manieren brachten mich als für Public Relations der Deutschen Lufthansa Verantwortlichen auf die Idee, den Prinzen auf die Liste der Ehrengäste zu setzen, die an Bord einer Super Constellation am 16. August 1956 in Rio de Janeiro eintreffen sollten, um den Südamerikadienst der Gesellschaft einzuweihen. Erfahrungen mit vorhergehenden Eröffnungsflügen hatten mich gelehrt, daß nicht alle Geladenen sich im Ausland so aufführten, wie es für das Prestige der Bundesrepublik und ihrer jungen Luftlinie wünschenswert gewesen wäre. Da den Reiseleitern häufig die Autorität fehlte, um Überschwenglichkeiten zu steuern, verfiel ich beim Nachdenken über Persönlichkeiten, die durch ihr Beispiel mäßigend wirken konnten, auf Konstantin. Er löste die ihm zugedachte Aufgabe mit vorbildlicher Eleganz. Es gab auf diesem Eröffnungsflug keinen einzigen Fall von Trunkenheit oder von Unpünktlichkeit beim Einhalten der in Rio und Buenos Aires vorbereiteten Programme, noch gar Kleiderfehler. Die Souveränität, mit der Konstantin sich den Reisestrapazen unterzog, sein durch nichts zu erschütternder Humor, seine vollendete Courtoisie wirkten Wunder. Jeder suchte es ihm gleichzutun. Als beim Festbankett in Rio sich ein deutscher Teilnehmer seiner Jacke zu entledigen drohte, verwies ihn sein Nachbar auf den Prinzen, der, unter der Hitze nicht weniger leidend, nicht daran dachte, sich »freizumachen«. So wurden notorische brasilianische Empfindlichkeiten geschont.

Als wir in Buenos Aires durch die Florida, die Hauptverkehrsstraße, bummelten und die Auslagen der Ledergeschäfte bewunderten, beschloß ich, die Gelegenheit zum Kauf von Schuhen zu nutzen. Während ich anprobierte, fand Konstantin an einem Paar Wildleder-Slippers Gefallen. Ich drängte ihn zuzugreifen. »Ich habe ein Paar zu Hause und brauche im Grunde kein zweites, es wäre Verschwendung.« Schließlich konnte er dem Liebreiz der Verkäuferin nicht widerstehen und kaufte. Aber die Gewissensbisse, für sich Geld ausgegeben zu haben, verfolgten ihn während des Restes der Reise. Konstantin, auch darin ein Grandseigneur, war für seine Person so gut wie bedürfnislos. Ein reizender Gastgeber, immer bereit, Freunden aus Schwierigkeiten zu helfen, kam er für sich selbst mit einem Minimum aus. Noch Jahre später wies er bei einem Spaziergang im Schloßpark Nymphenburg auf seine Wildlederschuhe und sagte in vorwurfsvollem Ton: »Du siehst, die Schuhe, die zu kaufen du mich in Buenos Aires gezwungen hast, haben ganz gut gehalten.« Der Gleichmut, mit dem er in späteren Jahren die seiner Familie durch eine fehlerhafte Vermögensverwaltung zugefügten materiellen Schäden hinnahm, zeugte von einer inneren Ausgeglichenheit, die zu seinem Temperament in merkwürdigem Kontrast stand.

Der Kosmopolit Konstantin war ein begabter Journalist. Er nahm das Leben nicht nur, wie es sich ihm bot, er fand auch alles interessant. Während der Tage in Rio verbrachten wir einen Abend in einem der vielen Nightclubs von Copacabana. In der gleichen Nacht hatte der amerikanische Flugzeugträger »Roosevelt« einige hundert Blaujakken zum Landgang entlassen. In dem verdunkelten Lokal mit seiner wilden Cha-Cha-Musik und den zuckenden Leibern tanzender Mulatinnen hielten sie fast jeden Tisch besetzt. Amerikanische Militärpolizei in Stahlhelmen und mit Gummiknüppeln sorgte für Disziplin auf der Tanzfläche. Brasilianische Militärpolizei parkte in Panzerspähwagen vor dem Eingang, um an die Luft beförderte Seeleute in Empfang zu nehmen. Es war ein Milieu nach Konstantins Herzen, exotisch, farbig, mit Spannung geladen, eine knisternde Atmosphäre. Wir holten zwei Hostessen an unseren Tisch, ohne viel zum Tanzen zu kommen. Im Nu verstand es Konstantin, den beiden Mädchen ihre Lebensgeschichte zu entlocken, die Story einer Karriere, die von den »favellas«, den Elendsbehausungen an den Berghängen, über die luxuriösen Appartmenthäuser Rios in das glitzernde Nachtleben von Copacabana geführt hatte, wo die farbigen Schönheiten den Talmiglanz fanden, nach dem so viele »Mulatinas« dürsten, den Hauch von Abenteuer, an dessen Ende die Prostitution lauert. In einem Gemisch von Portugiesisch und Französisch schwatzten wir die halbe Nacht mit diesen Kindern einer Schmetterlingskultur.

Am anderen Morgen blieb Konstantin auf seinem Zimmer. Seite um Seite brachte er das Gesehene und Gehörte zu Papier, genug Material, um ein Reisetagebuch zu füllen. Ob er diese Notizen jemals verwendete, entzieht sich meiner Kenntnis. Vielleicht erschien es ihm später nicht mehr wichtig. Für den Augenblick erfüllte es ihn mit Befriedigung, daß seine journalistische Phantasie in Schwingung versetzt worden war. In seinem Gedächtnis prägte sich die Nacht von Copacabana als die an Eindrücken reichste der ganzen Südamerikareise ein.

Konstantins Flugleidenschaft war durch den Südamerikatrip mächtig angestachelt worden. Sein Traum blieb es, in den Aufsichtsrat der Lufthansa gewählt zu werden, eines Unternehmens, dessen Entwicklung er nicht mehr aus den Augen ließ und für das er bei Vortragsreisen in die Vereinigten Staaten ebenso diskret wie wirkungsvoll zu werben verstand.

Nirgendwo kam Konstantin so gut an wie bei den Amerikanern. Zu seiner Erheiterung brachten sie seine Genealogie durcheinander und reichten ihn als »the only son of mad King Louis« herum. Er gewann drüben eine Reihe von Freunden, wie den Verleger Bob Martin, die ihm aufs herzlichste verbunden blieben und bei keiner Europareise verfehlten, ihn in München aufzusuchen.

Konstantin gehörte zu den seltenen Menschen, die Rat nicht nur suchten, sondern auch annahmen. Als er die ersten Schritte in die Politik tat, bot sich hierfür mancher Anlaß. Wenn sich ein Tip als richtig erwies, rief er strahlend an. Er verstand es, seine Freunde nicht nur an seinen Sorgen, sondern auch an seinen Erfolgen teilnehmen zu lassen. Sie trauern um einen Mann, der vieles war und dem die Genien noch mehr zu versprechen schienen.

Verlag Ullstein GmbH Frankfurt/M · Berlin

Printed in Germany 1985
Satz: Fotosatz Otto Gutfreund, Darmstadt
Druck und Binden: Ebner Ulm
ISBN 3 550 07197 3

Erste Auflage August 1985
Zweite Auflage November 1985

CIP-Kurztitelaufnahme der Deutschen Bibliothek
Studnitz, Hans Georg von:
Menschen aus meiner Welt / Hans Georg von Studnitz.
– Frankfurt/M ; Berlin : Ullstein, 1985. –
ISBN 3-550-07197-3